本は旅をつれて

旅本コンシェルジュの旅行記

森本剛史

彩流社

まえがきにかえて――私の偶像《アイドル》

森本祐司

兄・剛史は一九四九年一月に和歌山県新宮市で生まれた。私とは八つ違いの兄弟で、二人のあいだには姉がいる。私が物心ついたときからの記憶では「おもろい兄貴」だった。実際ひょうきんで、兄からの暴力やいじめられた記憶は無い。割と兄弟思いの「ええ兄貴」だった。それには両親の生き方が大きく影響していた。彼らも子供に体罰を与えることもなく、また子供の前で派手な夫婦げんかをすることもなかった。兄は病院でのメモに「典型的戦後民主主義家族」と記してあったが、同感である。

兄が小学生の頃は内向的で「内弁慶型」、中学生の頃から「人生謳歌型」にシフトチェンジし、積極的に楽しく生きるスタイルが始まった。塾通いで成績が良くなり、バスケットボール部での活躍が理由だと、病院でのノートにあった。八つ違いのそんな兄がいると言うことは、わが森本家のトレンドは、すべて彼が持ち込むと言うことになる。伝書鳩（立派な鳩小屋まで作った）、英語熱、天体写真、ビートルズ、深夜放送、高石友也ら和製フォーク、全共闘運動、ヒッチハイクなどなど。これに父も自称自由主義者で子煩悩。そんな家庭環境であったうえに、新宮人のＤＮＡともいえる「新モノ食い（新しがり屋)」気質が重ねられ、父も兄もとにかく好奇心旺盛、兄弟三人の新しいおもちゃなどは子供より先に父がいじりまわすということもあり、また必然的に子供は自由に生きれば良いというスタンス。父は、家業を継ぐか否かは子供たちの自由と公言していた(晩年変節したけれども)。

兄弟のなかでそんな空気に一番乗っかっていたのは兄であることは言うまでもない。「総領の何とか」である。その真骨頂が大学を休学しての世界放浪だった。もちろん親の援助も頼って。それこそが兄のその後の人生を決めた旅だった。約一年の放浪から戻って、ヒッチハイク仲間と企てたのが『おまえも来るか!中近東　一日1ドルの旅』(まるこぽーろ旅行団出版局刊)の出版。それを新宿の歩行者天国で売りさばいていたところ、ニッポン放送のディレクターに見出され、当時売り出し中だったカメラマンの浅井愼平さんとのコンビで「土曜の夜はテレフォンジャングル」という番組を持たせてもらっている。そして就職。結婚後の退職から夫婦そろって世界旅行。帰国してからのフリーランス生活。とまぁ、誰が見ても自由気ままな二十代である。

人生どこに何があるかわからない、そんな兄の気ままな生き方に、ただならない影響を受けたのがこの私でもある。中学でバスケ部(兄も私も主将)、大学進学(兄弟共に東京のミッション系文学部)、最初の就職(同じく広告業界)と、我が家のトレンドと同様、兄の背中を追っかけたと言ってもよい。しかし人並みに少しは「大人」になった私は、あそこまで楽天的に、したい放題、好き放題、イソップ童話のキリギリス的生き方は、いくら兄弟でも「ちょっと待てよ」と思わざるを得なかった。父が倒れた際には、ようやく広告の仕事を覚え、一人前になりかけたときだったが、後ろ髪をひかれながら家業を引き受けた。が、その一方で兄への憧れもあった。ただ、兄との差は、自由奔放に人生を送るだけの思い切りの良さ、先のことは考えない「楽天主義」みたいなものが私にはなかったことだろう。私に無いところが、多くの人を惹きつける魅力だったかも知れないし、そこが兄に羨望や嫉妬を感じるところでもある。

ある意味、彼は私の「偶像《アイドル》」だったからなのかも知れないと、今は思う。それが故に、仕事が不調となった時に両親らにすがろうとしたり、あるいは酒に頼る兄に嫌悪感を抱き、「森本剛史ってこんなもんかよ」という失望・怒りがこみ上げ、それが不信感になっていったことの説明がつく。兄の最晩年になってその不信感も消え、「昔のアニキが帰ってきた」と感じた途端に、あの世に行ってしまうのだから、「ええ加減なもんや」とただひたすら思う。家族だけの葬儀には「極楽寺から和尚様が」と聞いて、不謹慎にも吹き出したが、生前同様あの世でも、トンボの如くフラフラと気の向くまま自由奔放に飛び回っていることだろう。またもや嫉妬してしまう私がいる。

本は旅をつれて【目次】

Ⅰ 海のむこうへ

中国

オーストラリア

ミャンマー

Ⅱ 日本をめぐる

I

海のむこうへ

中国

People's Republic of China

行った、見た、帰ってきた！ たった二週間の、僕の中国見聞録

口上

僕の初めての海外旅行は二十一歳の時。大学四年になったばかりの時であった。今から九年も前のことだ。

高校時代に、小田実さんの『なんでも見てやろう』に影響されたクチで「よし、俺もいつかは外国へ行ってやるぞ」と思ったものだった。

僕は、これまで、外国はおろか日本だって一人で旅したことはなかった。

出発の前日は興奮した。行くのがこわくなった。できればキャンセルしようかなとマジに考えたりした。

翌日、横浜港からソ連船ハバロフスク号で出発した。

出発前日は、キャンセルしようかなと弱気になった僕も、日本を出るやクソ度胸がつきリュックの重さに汗ながし、サイフの軽さに冷汗を流しながら、ともかくも一年間ヨーロッパ、アジアを廻ってきた。

この一年間は貴重な一年間だった。大学三年間で得たものがピンポン玉の大きさとするなら、ヨーロッパ放浪の一年間はサッカー・ボールだった。

そうこうしているうちに、旅に出てルポを書いたりすることが仕事となってしまった。

知らないうちに廻った国も五〇カ国にもなってしまった。アジア、アフリカ、ヨーロッパ、南米、南太平洋と廻ったけれど、隣国の中国だけはまだだった。行きたかったけれど行けなかったのだ。

まだ行ってないから是非行きたいというのは人情だし、アジア型社会主義国とはどんなのかなと興味があった。また、後述するように中国の英語教育にもすくなからず興味を持っていた。

昨年の七月、中国の土をはじめて踏むことができた。日中友好の船というツアーで、下関を出発し、大連・瀋陽《しんよう》・撫順《ぶじゅん》・北京を廻ってきた。中国の人たちは、やたら、国のすばらしさをガイジンに見せたがるのだ。だからスケジュールはかなりハード。英語の授業などは十五分しかみられなかった。わずか二週間のツアーで、中国の素顔のほんの一部に触れたにすぎないが、僕の独断と偏見の中国レポートを読んで欲しい。

中国の人たちの熱烈歓迎ぶりは思っていた以上、すごかった。

僕たちの乗ったバス（一行四二七名。バスなんと二二台）がパトカーに先導されて、大連・瀋陽の町を走ると、路地や家から、とび出してきたみんなが手をふってくれる。手のふり方も、日本人と違っていて、ひじを動かさずに、手首だけを前後にふるのだ。

僕たちもバスの窓から手をふった。なんや凱旋将軍のような変な気持になった。

列車

《四人組》追放後の中国は、政治の舞台のみならず、個人の生活形態まで大きく変わろうとしている。対外国という点においても、以前には全く考えられなかったことが続々と進行している。

僕たちにとってのグッドニュースはやはり、中国の《門戸開放》だろう。かつては、よほどのコネがないかぎり入国は困難だったけれども、最近は緩和され、中国がグッと近くに引く寄せられてきたみたいだ。十月二十三日号の『タイム』ではカバーストーリーに、《ア・ツーリスツ・チャイナ》として特集を組んでいる。

僕たちガイジンの訪問地区も一一五カ所に増えたし、訪中できる日本人も、三万人から五万人になる見込みだ。これから七万～一〇万と増加していくだろう。ますます中国は近くになる。

ガイジン観光客を受け入れるため、ホテルなど、受け入れ態勢は今や急ピッチで進んでいる。香港の不動産開発業社数社が、北京・上海などの大都市に観光ホテルを建設することについて、中国側と合意しているというし、先日NHKのニュースを見ていたら、インターコンチネンタル・ホテルも中国へ進出しトータルで五千室のホテルをつくると報じていた。

また、中国の名物料理、北京ダックを食べさせる店が、今、北京で建築中という話だ。なんと二千人収容できるという地上一一階の大レストラン。おそらく世界最大のレストランになるだろう。

僕たちが万里の長城に行った時は、たくさんのガイジン旅行者がきていた。アメリカ人、ハンガリー人、コロンビア人……、このコロンビアの女性はタンクトップで、中国の男性の目を相当刺激していたようだった。

さて、中国の主要な交通機関である鉄道について話してみよう。

交通機関の中で鉄道の占める割合は非常に高い。鉄道の長さは延べ五万二三〇〇キロに達する。ちょうど日本の国鉄の約二倍の長さだが、国の面積が日本の約二七倍だから、まだまだという感じだ。

レールは標準軌間で、我が新幹線と同じ一四三五ミリ。車内は通路をへだてて、二人がけ三人がけになっている。一等は軟臥車、二等を硬臥車と呼ぶ。一等の客はほとんどガイジン旅行者だ。僕たちも、ふつうだったら一等に乗れるのだが、今回のツアーは四二七名の大旅行団なもので、汽車は特別仕立て。臨時列車というやつだ。全車二等だった。

二等といえども、なかなか座りごこちはよく、窓には網戸、レースのカーテンがついている。僕は、窓から見える風景を撮りたくて、網戸をはずしていたら、車掌が来て、すぐに元に戻してしまった。網戸はなんのため必要なのだろうと、ツアーの連中と話をしたが、結局、虫が多いのだろうという結論に達し、一件落着。

各車輌では、列車員という名札を胸につけた若い女性がお茶を注いでくれる。常にお客の動きに目を光らせている。その心意気や良し。お茶がなくなると、サッとお湯を注いでくれる。タイミングがなかなかよろしい。気どってチップでもあげようかなと思ったけど、中国ではご法度。彼らは決して受けとらないのだ。

で、中国のお茶の飲み方を説明すると、ちょうど茶碗蒸しの容器、あれにそっくりな湯のみにお茶っ葉を入れ、お湯を注ぎ、ふたをして三分間待つのだぞ！　という心境。カップヌードルみたいなのだ。日本人もよくお茶を飲む人種だが、中国人ほどではない。どんなところへ行っても、こちらが、ことわるまでお湯を注いでくれる。

それでっと、列車が発車するや、タモリの「北京放送」で毎度おなじみのション、ション、ショション……『東方紅《トンファンフォン》』が流れてくる。各車輌には朱に白ぬきの毛沢東語録が額ぶちにおさまっている。

いちばんおかしかったのは、運賃の決め方だ。改札口の横、一メートル三〇センチのところに印がついているのだ。それが大人と子供を分ける境界線。この印以上のガキは、いくら小学生だろうと、大人の料金を請求されるのだ。劇場もこの方式だという。確かフィリピンの動物園もこの方式を採用していたはず。フィリピンの場合は、中国より五センチ高くて一メートル三五センチのところに印があった。この五センチは平均身長の差かな？　シンガポールのバスには一メートル二〇センチのところに線がひかれていた。

言い忘れたが、中国はSLの宝庫。電化されたとはいえ、まだまだ。なつかしいD51型（だと思う）

のＳＬが走っていたりする。ＳＬはまだまだ重要な交通機関だ。東北地方（旧満洲）には昔の満鉄時代のＳＬがある。

日本のＳＬファンがカメラやデンスケをかついで中国に押しよせるのも遠い将来ではあるまい。

大連から瀋陽へ行く途中、僕たちの特別列車は、二、三の駅に停車したのだが、ホームには、ちゃんとキオスクがあるのだ。ここでは、酒、かんづめ、他におかしなどが売られている。そこでは売られていなかったが、通訳氏に聞いたところでは、スナックとしてマントー（中華まんじゅうみたいなもの）が売られているそうだ。

私たちのツアー一行に出された、駅弁。四角いボール紙の箱の中には、リンゴ二個、パン一キレ、ハム一キレ、にわとりのモモ肉ｅｔｃ……まずかったなあ。特にパンが最悪。穴あきパンで、パン製造の技術はまだまだ。南米のインディオのパンの方がよっぽどおいしかった。

遊歩

瀋陽（旧奉天）でのことだ。早朝の中国人の生活を撮ろうとして四時半に起床した。

日本にいる時は、なまけ者のくせに、旅に出るとやたらはりきる癖が僕にはあるのだ。この土地には、もう来れないかもしれないという気持ちがあるからだろうか。朝早くから、夜遅くまで、うろうろと歩きまわるのだ。

中国取材の場合、特に早起きは効果があった。朝は時間をあまり気にせず写真が撮れるからである。中国旅行においては一人旅は認められず、すべて団体旅行。そして、スケジュールは相当ハードなので、もうすこし取材したいと思っても、「ハイ、これでおわり。次へ行きます」とガイドにいわれてしまい、いつも欲求不満。中国側が、僕たちにいっぱい見せたいものがあるのは、わかるけど、もうすこし、なんとかならないもんかねえ。

この日は、早起きをした収穫大いにありで、中国のジョギング・ブームをこの目で確かめることができた。

はじめは、「中国でもジョギングねえ、へぇー」と思ったけど、主義主張が違えども、健康ということに関しては、だれでも望んでいることなのだ。誰かが書いていたが、アメリカでは、すでに《健康》ということがステイタスのひとつになっているらしい。お金や車や学歴よりも、健康という単語のひびきの方が重い時代に入っているのである。

日本、アメリカ、ヨーロッパ、そして中国でも、ジョギング・ブームだというのは決して偶然ではない。洋の東西を問わずみんなが、健康ということに関心をしめし始めたのと、ジョギングが体にいいということを認め始めてきたからだろう。

僕たちのガイドにジョギングについてきいてみた。

「そうですねえ《四人組》時代には禁止されていまして、彼らが追放されてから、急速に復活しましたねえ」

おそらく、《四人組》時代には、そんな無益なマラソンなどにエネルギーをつぎこむのだったら労働の方へまわさなくちゃいけないという風潮があったのだろう。

ホテル近くの北陵公園へ行くと、走っている人の多いこと。上から下までバシッとジョギング・スタイルでキメている人がいるかと思えば、人民服の普段着で走っている人もいる。中年のオッサンなどは、走りながら、太極拳をやっていた。器用なんだなあ。女性ランナーには、ひとりしか出会わなかった。彼女は、ピンクのスカートに、白いブラウスというでたちで、ゆっくりと走っていた。

毛沢東は六十年も前に、「一般的にどんな形の運動でも、継続しておこなうと、不屈の努力の訓練になる。長距離を走ることは特に良い」と述べている。やはり偉大な政治家だ。彼はこれからの人間はタフじゃなくちゃ生きていけないということを、ずっと昔にとなえていたわけだ。世界の数ある政治家の中で、自分の政治思想の中に、これほど体育あるいは健康というものをとりいれた政治家は、毛沢東以外にはないだろう。

蛇足ながら北京で聞いた話によると、天安門のまわりを毎朝ジョギングするグループが生まれたとか。皇居のまわりを毎朝走っている千代田走友会を想い出しておかしかった。天安門走友会とでもいうのだろうか。

《門戸開放》をし始めた中国は、これから世界のマラソン試合に、優秀な選手をどんどんおくりこむことだろう。

〈Peking is a capital of China.〉と若い女の先生（中国人）が模範朗読すると、生徒たちが大声で後に続く。小学三年生の教室でのことだ。あえて訳す必要はないと思うけど、《北京は中国の首都です》という意味だ。先生は続けてむずかしい単語を発音する。〈capital〉。生徒たちも〈capital〉と唱和する。これを何回も繰り返して、はじめに戻る。昔、僕たちも同じようなことをやったよね。というより、無理やり大声でやらされた記憶がある。十年前を想い出してしまった。

僕たちが訪問したのは、東北地方の工業都市、瀋陽という町のけい工街小学校。垣間見たという感じはぬぐいきれないが、中国の英語教育の一端に触れることができた。

二、三年前だったろうか、『展望』に掲載された「イデオロギーとしての英会語」という論文を読んだことがある。筆者は津田塾大のダグラス・ラミスという英語の先生。

そのなかに、中国の英語教育の話が出ていて僕の脳裏に鮮明に残っているのだ。

――中国の英語教育では、相手（主にガイジン）に自分の思っていることをどうやって伝えるかということが基本になっている。つまり、いいたいことがまずあって、それをうまく相手に伝えるための英語教育。ところが日本の場合、英語のテキストにかかれているのは外国の生活ばかりで、自分の国や、自分の生活、自分の考えを相手に説明するという教育を全然していない。中国では、ガイジンに何かを伝えるために英語を勉強しているのだ——と彼はこのようにいっているわけだ。

僕は次のように解釈した。

たとえば、ある人民公社へアメリカ人の団体さんがドッと来たとする。そこで働いている人たちが、アメリカに、いかに自分の国がすばらしいか、日本帝国主義者どもはいかに悪いことをしたか、あるいは、解放前（一九四九年）と比べるといかに生活しやすくなったかを朗々と説明するであろう。その道具としての英語の必要性がある——と。

この本を読んだ時「これはおもしろい、もし中国へ行けるチャンスがあれば、中国式英語教育をぜひ見たいもんだ」と僕は長い間、思っていた。

ラッキーなことに中国最初の訪問先が小学校で、しかも英語の授業参観だったのだ。

従来、中国の英語教育は僕たちと同じように中学一年から始められていたのだが、毛沢東夫人、かの江青女史を中心とする〝四人組〟が政治の舞台から追放されてからは、〝外国の経験に学べ〟というスローガンは教育にも及び、英語の重要性が問われ始めたのだった。そして、小学校三年生から授業が開始されるようになったのである。

まずは教科書を見てみよう。

大きさは、僕たちの使ったテキスト『ジャック・アンド・ベティ』とほぼ同型。うす型。紙質は少しおとるみたい。

表紙をめくると毛沢東のカラー写真がどんとあり、その下に〈Long live Chairman Mao〉毛主席万歳というキャプションがある。

〈Long live〉＝万歳と頭の中でわかっていても、実感として使い方がわからない。かつて一度も口にしたことがなかったし、またその必要性もなかった。で、次のページ。毛主席を讃える歌（もちろん英語）が楽譜つきで載っている。そして本文にはいるのだ。

一課　We love Chairman Mao. Long live Chairman Mao.

二課　We love our party.（人民は党を愛す）

三課　We love our country.

そして、四課を見ると、

〈Never forget class struggle.〉

という刺激的な英文が目にとびこんでくる。日本はもちろんのこと、アメリカでも見たことのない、まごうかたなき社会主義国の英語、御存知《階級闘争を忘れるな！》というやつなのだ。この種の英文が習いはじめたばかりの小学三年生、しかも四課に出てくるからおそれいってしまうのだ。

〈This is a pen.〉の国との、なんたる違い。Be動詞から入り。《は〜です》式の客観的（第三者的）表現を教える我が国の英語教育に対し、我々はどうする、といった他動詞の多用。そして興味深いのは、主語はきまって〈We〉（我々人民は）という具合なのだ。〈I〉がはじめに出てこないのがおもしろい。

アメリカの子供は子供の頃から〈I want〉ばかりを使って自己主張する。が、中国では、〈I〉の前に〈We〉が存在するのだ。

以上でおわかりだと思うが、中国の英語教育にはとても強いイデオロギーが入っているんだけど、彼らの英語は、アメリカ人の英語では決してなく、中国自身の英語なのだ。まさに、これは毛沢東の英語なのであり、プロパガンダ用の攻撃型の英語なのだ。

日本の英語教育はといえば、つねに受身型で、日本人のイデオロギーをベースにした英語を創造していない。アメリカやイギリスの中流生活のイデオロギーばっかり追いかけ、その結果、ネイティブ・スピーカーにコンプレックスを抱いているわけだ。これは、日本の英語教育の怠慢なんだろう。

中国では、中国が直面している諸問題、そして個人の考えを、英語という道具を使ったらどう表現できるかということを基本にして英語教育がおこなわれているのである。

もちろん僕は、イデオロギーの強い中国式英語教育には、諸手をあげて賛成しかねるが、英語を《道具》あるいは《メディア》として明確にとらえた英語教育は、日本のそれより一歩先を歩んでいると思うけれど、みんなはどう思うだろうか？

受験生

《四人組》が打倒され、文化大革命（略して《文革》）以来二年ぶりに大学入試が復活するというニュースが流れた時、待ってましたとばかりに若者は喜び、北京などの大都市では、ノートが売切れる店が続出し、本屋には参考書を求める高校生が殺倒したという。一九七七年秋のことだ。

今や中国は受験フィーバーという感じで、高校生は入試にそなえて猛勉強。特に、中国のいたるところで早朝（四時半頃から）、勉強している受験生にたくさん出会った。特に朝の公園は彼らにとってかっこうの《勉強部屋》だ。家でも勉強はできないことはないだろうが、中国も日本と同様住宅難。日本の二七倍もある大国なのに……と思うけれど、彼らの住んでいる団地やアパートなどは、思っていたよりずっと狭い。僕たちが訪問した団地のある家庭は、ごく平均的な中国人なのだが、住んでいるところは八畳一間にベッドを二つ置き、そこが居間兼寝室。あと台所とトイレがついているだけ。中国の平均的な家族は、両親と子供二人の四人家族だが、この家庭はもうひとり息子がいて彼は解放軍兵士になって家を出たそうだ。一家の主人は、鉄工所に勤める労働者で四十九歳。一カ月の給料は日本円で一万円ぐらいだそうだ。しかしこのシンプルな団地の家賃は月一〇〇〇円ぐらいだというから、他の生活費もそう高くはないのだろう。とは言え、日本の受験生のように勉強部屋を作ってもらうなんてのはゼイタクで、資本主義追従派（？）として批判されるのだろう。

だから、朝、公園で勉強するのはごく自然な考え方なのだ。

公園のベンチで幾何の問題を解いている女子学生、頭をかかえて本を読んでいる学生、歩きながら英語を音読している女子大生。もう日本では忘れられてしまった二宮金次郎の中国版といえようか。

彼らのそばを、早朝マラソンのオッサンたちがザッザッザッと通りすぎていく。

で、入試が復活する前は、どのようにして選抜試験をしていたかを簡単に述べてみると、高級中学（日本の高校にあたる）を卒業した者は、農村や工場に働きに出される。あくまでも国家の意志によってであった。これを《下放》というのだが、これがまず、大学へ行くためのワン・ステップ。そして、それらの職場で最低二年間働く。労働もよくし、よく人民奉仕していると職場の人たちから認められた学生のみが、大学へ行くパスポートを手中におさめることができたわけだ。この試みは、ユニークな試みとして全世界の注目をあびた。日本のマスコミも大々的に賞賛したように記憶している。

しかし、かの《四人組》が追放されてからこの試みのマイナス面がどっと出てきたのである。彼らが支配していた教育界では、知識より労働が尊ばれた。大学に進みたい者は、いやでも農村などに実習に行かねばならなかった。頭がよくても不器用なヤツは、二年間一生懸命働いても、なかなか推せんされなかった。

頭より世渡りのうまいヤツが、じゃんじゃん大学に入ってくる傾向となり、もちろん優秀な学生もいたことはいたのだが、新入生のレベルはまちまち。せっかく入学しても、長い時間をかけて、中学・高校の勉強を補習しなければならず、北京大学と並ぶ工業大学の名門、清華大学は「清華中学」と陰口をたたかれたという。(中国の大学には、日本のような一般教養課程はない。入学するや、即専門分野を勉強する)

さきほど「世渡りのうまいヤツ」と書いたが、推せん入学制の時代には、相当裏口入学があったらしい。中国語では「走後門」という。(《走》は《歩く》の意だから後の門から歩いて入る)

共産党の大幹部などの息子が、頭はダメでも親父の権力で推せんを受けたり、あるいは人民公社の幹部が自分の地位を利用して大学に送りこんだり、つけ届けをしてくれる家庭の子供を優先させたりしたたことがあったそうだ。主義主張は変わっても、人間のやることはどこも似たりよったりの感じがする。

中国には、現在約五百の大学があり、そのなかで《四つの近代化》——今世紀中に、農業・工業・国防・科学技術の近代化した偉大な社会主義国を築きあげようというスローガン——を促進するために重点校として八〇校。その中で最重点大学として北京の北京大学・清華大学、上海の復旦大学、広州の中山大学が選ばれた。

昨年の入試では、受験した者は五七〇万名。募集定員は全国で二七万八千名なので競争率は二十倍強ということになる。日本の大学みたいに水増ししないから実質倍率だ。

受験生にナマの声を聞いてみた。

「《四人組》時代は裏口入学もあったようだし、二年間労働しながら勉強するのは大変きつかったですね。入試が復活され、実力一本やりになったので、やりがいがあります。一般の人たちも入試復活を喜んでいます」と大歓迎。

しかし、十億の人口をかかえる中国では、まだまだ大学の数は少ない。さきほど述べた、北京大学などの最重点校は、いわば超エリート校。これらの大学を卒業すれば、やはり国家の主要な職につくことができるのだろう。

入試復活後、試験はまだ二回しか行なわれていないが、競争は増加の一途をたどるだろう。

日本のマスコミが入試終了後よくやる、出身高校別のリスト表が人民日報の一面にデカデカと載る日が来ないともかぎらない。

《A高、北京大へ三五名合格、B校ついに二位に転落、くやしがるB校進路指導主任》なんちゃって——。

「日本みたいな予備校はまだないけれど、中学・高校でも能力別クラス編成をすでにやっているし、この傾向は進むでしょうね」と日本人留学生。

『傾向と対策』シリーズが本屋の店頭に並び、赤い毛沢東語録のかわりに赤尾の豆タン片手に英単語を覚える学生が増え、全国一斉模試があり、早朝にラジオ講座……そんな時代はすぐそこに来ているように僕は思う。

避妊法

おかたいことで有名な共産圏といえども、男と女の話だけは別のようで、ソ連にもポーランドなどにも、その筋の女はいる。

モスクワのメトロポールホテルに泊った夜、真夜中に電話がなり「アロー、オ××コしようよ」と女の声。声から判断すると三十代後半か。これがうわさのモスクワの《お姫さま》のラブコールだったのだ。

共産圏の女たちは、自由諸国の有名ブランドの化粧品や靴などを非常に欲しがる。そのためには、ドルショップ内でそれらの物を買わなくちゃいけないからドルが必要。だからガイジンに体を売り、ドルを手に入れる。実に明快な彼女たちの三段論法なのだ。

セックスの話になると、共産圏といえども実に《資本主義的》なのだ。

さて、中国について話をしよう。

この国は、他の共産国と違い、セックスの話はタブーのようで、通訳の女子大生に、避妊の話を聞いただけで首筋までまっ赤になった。気の毒なほどだった。やたら《解放》されている最近の若い日本女性を見慣れている僕たちにとっては新鮮な驚きだった。

瀋陽で、ある家庭に行った時、僕はこう質問してみた。

「中国では人口問題が相当深刻ですが、おたくの避妊法はなんでしょう?」

四十代前半の奥さんは、若干照れながらも、

「ピルが主流で、他にコンドームを使用します。これらのものは、薬局や商店などに置かれていてタダです」と答えてくれた。たくさん使用する人は、いくつでもコンドームをもらえるようだ。

僕たちのツアーの男性ガイドに、コンドームは中国語でどう書くのかと聞いてみた。すると、彼はやおら手帳をとり出し《阴茎套》と書いてくれた。阴は《陰》の略字だから、僕たち日本人には一目瞭然。彼によると《套》一字でもコンドームを意味するそうだ。

僕はガイド氏に、日本へのおみやげに持って帰りたいから、阴茎套をちょうだいとたのんだのだが、うまくはぐらかされてしまった。結局もらえなかった。非常に悔まれる。ひょっとすると、日本の超薄型のコンドームの存在を知っていて、あまりにもゴワゴワの中国製コンドームを見せたくなかったのだろうと勝手に解釈したりして……現物は見ていないけれど、モノは悪そうだ。

日本のコンドームメーカーが進出するという話も聞いた。もし進出したら、日本製に人気が集中して、中国製は使われなくなるだろう。

中国の人口は今や十億。人口問題は深刻だ。かりに、年二パーセントの割合で人間が増え続けると一年間に二千万人の増加となる勘定で、華国鋒主席が、第五期人民代表大会で「三年以内に人口増加率を年一パーセント以内に抑えたい」との目標をうち出したのもなるほどとうなずける。

晩婚奨励もそのひとつだ。男三十歳、女二十七歳以上となっているのだ。結婚まで国によってコントロールされるというのはかわいそう。

子供も二人までと決められている。もし三人目が生まれたら、この子は祝福されない。託児所にあずける資格もないし、配給券も与えられないという。

恋愛と結婚について、大学生やOLに聞いてみると、みんな晩婚がいいという意見が返ってきた。もし、それらの年齢以前に結婚したくなったらどうなのだろうか?

「そんなことはないですねえ。今は四つの近代化に向けて、中国は新しい局面を迎えています。恋愛にエネルギーを使うのだったら、学習や労働につくします」と答えた。かなりシラけてしまう。この国では、一定の年齢にならなくては、相手を好きになってはいけないのだ。

でも実際はというと、そうでもないのだ。

夜になると、公園はアベックで超満員。男ひとりでは入っていけないフンイキだ。目をこらしてみると、肩に手をやり、じっと抱擁している。相当きわどいところまでやっているようだった。

北京では、パンダで有名な北京動物園の近くの紫竹院や農業科学院の庭、天安門広場をはさんで人民大会堂の反対側、中国革命博物館に沿った生け垣などはアベックのメッカ。

東京でいえば、新宿西口公園、皇居の北の丸公園といったところか。

僕はこれらの光景をみて、正直いってホッとした。強がりをいっても、しょせん人間なのだから。

さて、中絶だが、中国では西洋式の吸引法の他に、ハリを使って人工流産をさせる方法がとられている。その値段がなんと六百円という安さなのだ。すでに香港在住のガイジンや華僑たちで広州の病院は盛況とか。

日本でも今後、「女優のA、中国へ長期旅行」なる記事を見つけたら、それは中絶に行ったと考えてよいだろう。

（「宝島」一九七九年一月号）

紹興酒の里

上海から急行列車に乗り、南に走ること五時間。水郷地帯を抜けると急に水路が増え始めた。そろそろ紹興だ。編み目のように張りめぐらされた水路。その水路に沿ってうねうねと黒瓦の屋根が曲線を描き、そのたたずまいがそのまま水面に投影されている。石橋の下を、名産の紹興酒の甕《かめ》を積んだ黒い小舟が行き交っている。地元で烏蓬船《ウーポンチュアン》と呼ばれる伝統的な運搬船だ。川幅が狭くなるといよいよ町中へと入っていく。駅に降りるとさっそく紹興酒のにおいに包まれた。さすが酒精の里である。紹興酒の歴史は紀元前の春秋戦国時代に始まった。当時、紹興は会稽《かいけい》と呼ばれ「臥薪嘗胆」の故事で有名な越の国の都だった。酒造りも二千五百年もの伝統があるということになる。

中国の酒は造り方から、白酒、黄酒、啤酒（ビール）、果実・薬酒の四種類に大別される。白酒というのは蒸留酒で、貴州省の茅台酒《マオタイチュウ》や山西省の汾酒《フンチュウ》が有名だ。一方、黄酒とはモチ米を原料とした醸造酒で日本酒に近く、紹興酒はその代表である。ちなみに老酒《ラオチュウ》と呼ばれるのは五年から十年寝かせた黄酒の年代物というわけだ。

まず紹興酒の製造過程を知りたくて、郊外にある紹興東浦醸酒有限公司に向かった。応対してくれたのは副工場長の湯百年《タイパイネン》さん。さっそく紹興酒のうまさの秘密について質問すると、「それは鑑湖の水です」と瞬時に答えが返ってきた。「私は中国のあちこちに醸造の指導に行きましたけど、ここの酒には及びません。それは水が違うからです」。

酒造りの初期の段階では、米を洗ったり、麴の製造などに大量の水を使う。そのためには会稽山の麓に広がる鑑湖の水でなければならない。「鑑湖の水は、少量のナトリウムやマグネシウムなどの鉱物質が含まれている軟水なんです。これが米を洗うときにも、発酵させるときにも役に立つ。紹興酒独特の味を醸し出してくれるんですよ」。

湯さんに工場を案内してもらった。広大な敷地には二千五百を超える大きな甕が並べられている。紹興酒造りは①これらの甕に水を張り、モチ米を十八日間浸す。②水を吸ったモチ米を十五分ほど蒸す。③その後、蒸したモチ米をムシロの上に広げて大きな扇風機で冷やす（攤飯法）。④この後、前発酵五日間、後発酵は九十日間。濾過と殺菌が行なわれ三年ぐらい寝かされてから出荷される。一部機械化されているが、ほとんどは伝統的な造り方を受け継いでいる。「ひと口に紹興酒と言っても、加飯酒《チアファンチユウ》、元紅酒《ユワンホンチユウ》、善醸酒《シヤンニヤンチユウ》、香雪酒《シアンシユチユウ》の四種類があるんです。一番有名なのは加飯酒でアルコール度は十七度ぐらいです」。酒の甕はしっくいで作られ、出荷を待つ甕は大きな蜂の巣のように見えた。甕はハスの葉と竹の皮で密封される。ここにもうまさの秘密があるようだ。

「紹興は、昔から時代ごとに優秀な人材を輩出しています。その名は中国全土に響き渡り《紹興師爺《シヤオンシイエ》》という言葉があるくらいです。日本でも知られている人と言えば、『蘭亭序』で有名な書家の王羲之《おうぎし》、それと文豪魯迅ですね。魯迅記念館の並びには魯迅ゆかりの咸亨酒店《シエンホン》がありますからぜひ行ってください」

その居酒屋は町の南側、一般に東昌坊と呼ばれる一角にあった。魯迅の父親の兄、つまり伯父さんが一八九四年に開業した店で、魯迅は子供の頃からここに出入りし、大人たちの話に耳を傾けていた。彼の作品にはしばしばこの店が登場するし、この酒場を舞台にした「孔乙己《コンイーチ》」という短編もある。現在でも当時の雰囲気は残されていて、物語そのものの世界の中で人々は酒を交わし雑談を楽しんでいた。「小店名気大」「老酒酔人多」の書が掛かった壁には西日が当たり、光と影がひっそりとせめぎあっている。

私も紹興酒を注文してみた。しばらくするとブリキの容器で燗された酒が出てきた。酒に鼻を近づけてみる。芳醇な香りが鼻の奥に広がった。生温かい琥珀色の酒を口に含む。まろやかな液体が私の喉元をスッとすりぬけると、全身にその風格ある香りがゆきわたるような気がした。「飲めば真実を語る」という西洋の諺を反芻しながら、落花生をほおばり二杯目へと手を伸ばした。

(「ウインズ」一九九七年六月号)

シルクロードの光と風

敦煌

ゴビ砂漠の中をまっすぐに延びる舗装道路。車窓に広がる蜃気楼を楽しんでいると、ポプラ並木の前方に緑の帯が現れた。鳴沙山《めいさざん》と三危山《さんきざん》の狭間に作られたオアシス、莫高窟《ばっこうくつ》だ。鳴沙山の麓の断崖に無数に穴が掘られ、まるで要塞のような存在感を示して迫ってくる。見上げると、壁面でニレの木洩れ陽が揺れ、カッコウの鳴き声が反射していた。

敦煌《とんこう》の敦とは「大いに」、煌は「盛ん」という意味だ。東西文化交流の接点として隋《ずい》・唐《とう》の時代に「大いに繁栄」したが、この町が歴史に登場するのは、今から二千百年も前の漢の武帝の時代。漢の武帝は、匈奴《きょうど》を討つため西の果ての敦煌に前線基地を作った。

西方百キロの砂漠に、玉門関《ぎょくもんかん》と陽関《ようかん》という関所も設置した。「西の方　陽関を出ずれば　故人無からん」と唐の詩人王維《おうい》が歌った、あの陽関である。李白には「総て是　玉門の情」という詩がある。関所を出れば、紫髯緑眼《しぜんりょくがん》の胡人《こじん》が住む異郷の地。生きては帰れぬかもしれない西域への過酷な旅の出発点だった。

陽関の関所跡に立ってみた。広大な砂の海に囲まれて、烽火台《ほうかだい》がぽつんと砂漠の中に置き忘れたように残っているだけだった。西方にはタクラマカン砂漠が広がっている。四十二度の猛暑！　ドライヤーのような熱風が耳元をかすめていった。

莫高窟に話を戻そう。敦煌中心部から南東へ二十五キロに位置する「砂漠の大画廊」は、シルクロード紀行のハイライトだ。東晋《とうしん》時代の三六六年に僧楽僔《らくそん》は、岩肌が金色に輝くこの断崖を見て霊地と感じ、窟を掘ったのが始まりといわれる。四世紀から十四世紀にかけて高さは十五～三十メートルの断崖に石窟が次々と掘られた。その長さは一六八〇メートルにもなる。

窟の内部には二百体以上の塑像、延べ四万五千平方メートルの彩色壁画などがあり、世界に類のない仏教芸術の宝庫だ。莫高窟は明代には衰え、忘れ去られた存在だったが、一九〇〇年に突然、世界の脚光を浴びることになる。莫高窟に住み込んでいた道士《どうし》（道教の僧侶）が、堆積した砂を清掃中に蔵経洞《ぞうきょうどう》（十七窟）を発見。そこには膨大な数の写本や仏画が収められていた。

この敦煌文書と呼ばれる古文書がきっかけとなり、敦煌の全貌が明らかになっていく。井上靖著の小説「敦煌」はこの十七窟の物語である。

十を超える石窟を見て回ると相当疲れた。各石窟には高い宗教性、芸術性が満ち溢れていて、見学者はかなりの集中力と想像力を要求されるからだ。鮮やかな壁画からはインド、ペルシャ、西域と仏教の深い関係が読み取れた。

最後の一五八窟に向かった。有名な涅槃窟《ねはんくつ》で十五・五メートルの巨大な釈迦涅槃像が、微力な光の中で浮き上がっているように見えた。波状の頭髪、高い鼻筋、鬢にまで届く長い眉、唇には微笑みさえ浮かべている……。

見学を終え、暗い階段を降りて歩廊に出ると、その明るさに一瞬くらっとした。爽やかな風の通り道。カッコウの鳴き声は、依然として莫高窟に響き渡っていた。

トルファン（1）

「雨が降ってきましたね。皆さん、ほんとにラッキーですよ」とガイドの甘《かん》さんは、右の掌にかすかな小雨を受け、顔を崩してこう言った。

トルファンは中国本土の中で最も暑いところといわれ、漢の時代から火州《かしゅう》の異名もあるほど。年間雨量はわずか十六ミリ。甘さんは続けて「干雨《かんう》といって、雨が降ってくる途中で蒸発してしまう現象もあるんですよ」と言った。陽が照り始め、温度はまたたく間に四十度を超えてしまった。

天山山脈の東側に、すり鉢状に形成されたトルファン盆地は東西百二十キロ、南北六十キロの大きさで、海抜は平均するとマイナス百メートル。盆地の底にあるアイディン湖は海抜マイナス一五四メートルに広がり、その低さは中東の死海に次いで二番目という。

なぜ、こんな極度の乾燥地帯に人々が暮らしオアシスたりえたのか。しかもトルファンには、高昌《こうしょう》故城《こじょう》をはじめ歴史的に貴重な遺跡が残っている。その謎は、トルファン郊外にあるカレーズ博物館を訪れて理解することができた。カレーズとは、山裾に井戸を横に掘りつないで地下に張り巡らされたトンネル式の水路のことで、苛烈な太陽熱にさらされずにすむために、水の蒸発量が少ないという利点がある。天山山脈の麓からの雪解け水が、オアシスを潤すのである。

このカレーズこそが、トルファンの恵みを支えていた。「つまり、水利権を持った者がトルファン盆地を支配したということです」と甘さん。

カレーズのおかげで、トルファンは中国最大のブドウの産地となった。町のいたるところで干しブドウが売られているし、市街地を抜ければブドウ畑が広がり、ブドウを陰干しするレンガ造りの乾燥庫が点在している。ブドウ酒は「葡萄の美酒　夜光の杯　飲まんと欲して琵琶馬上に催す」と唐代の詩に歌われ、長安の貴族の喉を潤したのだった。

トルファン盆地には、延々百キロも続く奇怪な火焔山《かえんざん》がそびえ、あの一大怪奇ロマン『西遊記』のなかで、三蔵法師（玄奘三蔵《げんじょうさんぞう》がモデル）一行がこの山の炎熱と戦う場面が出てくる。現地のウイグル人がクズルダグ（赤い山）と呼ぶ山で、山肌には一本の草木もなく、蜃気楼が発生すると、その景観はまるで山が燃え上がっているように見えるという。

また、火焔山南麓にある高昌故城《こうしょうこじょう》も玄奘三蔵ゆかりの地。七世紀には仏教の経典を求めてインドに向かう玄奘三蔵が、ここに一カ月滞在したことで知られる。故城は外城、内城、宮城とあり、一辺約一・五キロほぼ正方形に近い城壁に囲まれている。その広大な様子は往時の栄華を伝えるものだが、現在は粛々と風が吹き、砂塵を巻き上げている。

灼熱の高昌故城には草木が見当たらず、煙塵が舞い、ただ茶一色の世界が広がっているだけであった。

トルファン(2)

新疆《しんきょう》ウイグル自治区の省都ウルムチからバスでトルファンに向かう途中、トルファンに入る十キロ手前で交河故城《こうがこじょう》を訪れた。交河故城はふたつの河が交わる丘陵地に建造されたのでこの名があるが、漢代には天山南路における要衝として栄えた。八世紀初頭、高昌国《こうしょう》を滅ぼした唐王朝は、この交河故城に西域支配の拠点を置いたが、元代末期に廃城となった。

東西三百メートル、南北一キロの長方形の故城跡は、荒野に浮かぶ航空母艦のように見えた。中国では古来、町全体を城壁で囲むのが一般的だが、交河故城は高さ三十メートルの絶壁が天然の要塞になっているために城壁をめぐらす必要がなかった。城壁を持たない国都は、同じ規模の中では交河故城だけだといわれる。

城内では北側に宮殿と寺院、中央に官庁、南側に居住区が計画的に配置され、唐代の都市建築の特色を残している。南北に貫く、長さ三百五十メートルのメインストリートを散策した。午後八時過ぎだというのに、遺跡の上には青空が広がり、建物跡の黒い影が茶色の地面に絵を描いていた。交河故城残照。同行の仲間が歩く音以外、何も聞こえてこない。

南側の一般庶民の住居跡には、幅三メートルほどの路地が縦横に走っている。ある一角にはかまどの跡があり、壁に煙道が残っていた。井戸があちこちに口を開けている。かまどの周りで食事をする家族、井戸端会議を楽しむ女性たちの姿が浮かんでくる。この遺跡からは生活の匂い、千年前の人々の息吹さえ感じられた。

翌日は火焔山の一角、ムルトク河の断崖に造られたベゼクリフ千仏洞を訪れた。「ベゼクリフ」とはウイグル語で〝美しく飾られた家〟という意味だ。隋の時代（六世紀末）から十四世紀にかけて開削された石窟寺院である。

八十三窟が現存するものの、かつてはその名の通り壁画や塑像に飾られていた石窟も風化やイスラム教徒による破壊、さらに今世紀初頭の外国探検隊による壁画持ち出しなどで、かなりのダメージを受けている。しかし、その外観から往時の栄華を偲ぶことはできた。

西域の旅の面白さは、中国でありながら、同じ文化圏ではない異郷を実感できること。賑やかな町に一歩足を踏みこむと、そこは道行く人の顔からも一目瞭然だ。眉を一直線に描いたウイグルの少女や、青い眼をしたロシア系のエキゾティックな男性、モンゴル系の顔をしたやんちゃ坊主などなど。

シシカバブ（羊の串刺し焼肉）の煙から漂ってくる匂いは、若い頃のトルコの旅を思い出させた。町のところどころにはモスクがあり、行きかう人の頭にはソンコと呼ばれる民族帽が載っている。多くの人種が集まっているからか、外国からの旅人を優しく迎える懐の深さを感じた。

ウルムチ

ウルムチを訪れて、驚いたことがふたつある。ひとつはその涼しさである。天山山脈の北麓、標高九百メートルに位置するウルムチは、トルファンよりも十度も涼しいと聞いた。

もうひとつの驚きは、その町の大きいこと！　こちらは、勝手に「砂漠の中のオアシス」と思っていたのだが、ウルムチは高層ビルが立ち並ぶ西域最大の国際都市だった。

「五つ星ホテル、四つ星ホテルはそれぞれ六軒もあり、ロシア人やパキスタン人が経営する店もありますよ。ウルムチ空港は、東欧や中央アジアの各空港、パリをはじめとするヨーロッパの主要空港と結んでいます」とガイドの甘さん。日本からのシルクロード観光拠点も、ウルムチが多い。

ウルムチを首都とする新疆ウイグル自治区はロシア、モンゴル、タジキスタン、インド、パキスタン、アフガニスタンなど八カ国と隣接する中国最大の省であり、中国全土の六分の一を占めているのだ。その国境線は五千キロにもなる。

ウルムチ市外から三十キロほどの郊外には「アジアの地理中心」の標識があり、ここは世界で最も海岸線に遠いところとして有名だ。一番近い海岸まで二千五百キロもあるそうだ。

一方、多民族の町というのもこの町にはぴったりだ。人口百六十万人。ウイグル族が最も多いが、ほかに漢族、カザフ族、回族、モンゴル族、キルギス族など十三の民族で構成されている。中国には、現在五十五の民族が住んでいるといわれているが、最近のウルムチには四十七もの民族が住んでいるという。現在発展中のウルムチには、中国各地からの労働者が集まってきているからだ。

そのウルムチで、最も人気がある観光スポットは、町の東百キロのところに位置する天池《てんち》。標高一九八〇メートルに広がる周囲十一キロの神秘の湖で、遠くに雪を被った四千メートル級の山々が湖面にその勇姿を映す。天気がよいと、天山山脈で二番目に高いボゴタ峰(五四四五メートル)を遠望できる。

西域とは思えないほど、夏でも上着が必要な「中国のスイス」である。

(「トラベル&ライフ」二〇〇五年八月号)

Commonwealth of Australia

オーストラリア

東経一三五度の隣国 オーストラリア

（1）牧場の中の新国家・ハットリバー王国

国王プリンス・レオナード（五十五歳）は、顔に群がるしつこいハエどもを両手で払いながらやって来た。

開襟シャツに青い半ズボン、靴下は下にたるみっぱなし。革靴はといえば、ドロにまみれている。なんとも一国の主らしからぬフンイキで、我々の前に、その痩躯なお姿をお見せになったのでありました。気をつけェー！　と僕は心の中で一人号令をかけ、うやうやしく四十五度に体を曲げ、おそるおそるこう聞いたのだった。

「アー・ユー・キング？」

「イエース、アイ・アム」

国王と僕との会話は、「ジャック&ベティ」の第五課あたりに出てきそうな英文で、このようにして始まったのであった。

ここは、ハットリバー王国という、オーストラリアの中にある《独立国》。総人口三十人（ほとんど親類縁者）、羊八千頭、車二十台（トラクターも含む）の超ミニ国家なのである。

アポイントメントなしで行って、国王とサシでお話しできるのは、世界広しといえどもここぐらいのモンだろう。

まず、オーストラリアの地図を見ていただきたい。

地図に向って左側にパースがありますネ。この町は西オーストラリア州の州都で人口八〇万人。小股の切れ上ったいい女のいる町である。この町から北へ飛行機で向かうこと五分、ジェラルドンという港町がある。

ハットリバー王国は、このジェラルドンから、ブッシュの中を二時間走ったところにある、牧場の中の新国家なのであーる。

毎週木曜日、ジェラルドンから王国へのツアーバスが出る。お値段十二オーストラリア・ドル（一ドル＝二五〇円）。物価の高いオーストラリアでは格安だ。僕はこのツアーに加わった。

バスは一時に町のセンターから出発した。ドライバー兼ガイドはケイス君。白い半ズボンに白いハイソックス。オーストラリアで最も一般的なファッションである。

運転席の真上から、マイクがにょきっといった感じで出ている。お客サンは、ヴィクトリアから来た若いカップルと僕とのわずか三名。というのは、もう一台別のバスが、すでに出発していて、それにはみでた我々三名が二台目に乗せられたというわけだ。

このケイス君、御多分にもれず、かなりナマリの強い英語をしゃべるのだ。これは彼一人の責任じゃなく、オーストラリア英語というのは、間のびしているというか、口の中でモジョモジョというというか、要するに《正統派》イングリッシュに慣れた僕にはかなりシンドイことなのだ。一例をあげると、Todayはツゥダイ、Okayがオッカイ、eightがアイトと訛る。英語的に優位に立っていると心の中で思っているイギリス人などは、こういってオーストラリア英語を馬鹿にする。つまり、I came here today.は、オーストラリア人が発音すると、I came here to die. になっちまうのである。《今日着いた》が《死ぬためにここに来た》という風に変ってしまうのである。

牧場の中に道があるといった国道を邁進すること約二時間、王国の看板が見えてきた。こちとら、なんや豊島園に遊びに行くような気持なのである。車は右に大きくカーブする。王国の入口には何故か、白く塗った古タイヤが両側にうめこまれ、国王のフル・フェイスの彫刻がイースター島のモアイみたいに地面からつき出ていた。

《牛の頭とワシと天びん》を型どった、青地に白ヌキの国旗が碧い空にハタめき、子供たちの目は希望に輝いていた。(ホンマかいな。日本の新聞の中国報道みたい)

《無血革命》で独立を勝ちとったハットリバー王国の第一印象は上海の人民公社とフンイキがよく似て

いたことである。そこはかとなく漂ってくる土とウンコのにおい。人民の顔、家のつくりとエトセトラ。当時の人民公社には毛サンと華サンの肖像画がいたるところにかざられていたが、我が王国の国王（ヤヤコシ）の肖像画が〝これでもか、これでもか〟と自己主張していて薄気味悪くなった。

⑵ 政府は送電をストップしてきた

国王の本名はレン・カスリーといい、ハット河に沿った九千ヘクタールの農地で小麦を作ったり牧場で羊を追って生計をたてていた、そこいら辺にいる、ごく普通のお百姓サンだった。

ところが、運命の一九六九年を迎える。彼は自分の広大な土地を〝自分の国〟にしちまったのである。つまり、新潟県の柏崎の奥あたり（県民の皆サマ、ゴメンナサイ）のお百姓、田中権三衛門サンが、最近の自民党は気にいらんワイ、日本から独立しちゃうもんねと分離独立を宣言し、自分=天皇になっちまったようなものなのである。大人の遊び（?）としては、かなりスケールの大きいものなのだ。

カスリー親父の場合はこうである。

一九六九年、小麦の生産過剰に悩んだ西オーストラリア政府が、生産高を今までの二十分の一に抑えるという、厳しい割り当て制を実施しようとした。

「オラよう、アッタマに来てよう、こんな割り当てでは、親子が餓死しちまう……。そしてよう、こんなんではトラクターの月賦の利子分すら払えない。そこで連邦政府小麦局と州政府、そして、英国にいらっしゃるエリザベス女王サマにまで、嘆願書を送ったんだ」

が、一生懸命、訴えたにもかかわらず完全に無視された。

「こりゃ作戦を変えにゃあ、いかんと思い、じゃあ独立するぞと州政府に一発カマしてやったわけサ」

独立宣言をしたわけだから、当然、州政府に税金不払いを決める。なかなかガッツのある親父なのである。オーストラリアは北欧と同じく税金の高い国。年収五百万円だと三分の一が税金で持っていかれるお国柄なのだ。オーストラリア国民の間では「ケシカラン」という声とともに「やったあ！」という声があったことも事実。

「政府はよう、まず送電をストップしてきた。続いて、児童手当などを打ちきってきたわけサ」

これにひるむ親父では断じてない。

「さっそく自家発電を始めたよ。児童手当も隣国オーストラリアより若干高めに、国民に払うことに決めた」

ここで、初めて《隣国オーストラリア》とか《国民》とかという言葉が出た。

独立宣言を提出した三カ月後、ハスラックから文書が届く。

「確かに独立宣言は受けとったが、これ以上の動きはつつしんでもらいたい」という内容だった。

「総督から《アホなことするな》と説教されると内心はビクビクもんだったのだけど、あまりキツイおとがめではないのでよう、よっしゃと、王国建設を本格的に始めたわけサ」

カスリーはプリンス・レオナードという高貴な名前をなのり自ら国王となる。奥さんのシャーリーさんは王妃。四人の息子と三人の娘はそれぞれ王子と王女になった。そして、カスリー一家に貢献してきた人々には、《ナイト》の称号を送った。

爾来十一年。すぐギブ・アップするだろうと思われていたがよくガンバッテいる。継続は美徳なのだ。

「この四月に十一回目の建国記念日を盛大に祝ったよ。千人を招待し、見物客は二千人を超え、四つのテレビ局、五つの雑誌社が取材に来おったよ」

この王国の経済は小麦と羊毛そして観光でなりたっている。

「年平均約六万人の観光客が来ます」と王妃のシャーリーさん。国王より、いく分、品位がある。

「日本のホテル会社からもホテル建設の打診はありましたが、実際には、こちらに来ていませんです」

この国で最も有名なのが、切手マニアならよだれが出そうな王国切手。観光収入の中でかなりのウェートを占める。

「ナヌ？　切手の有効性？　もちろんオッカイだ。昨年、裁判をし、我が国の郵便法が全面的に認められたンだ。昔は、ここで投函された手紙は、協力者によってカナダにいったん送られ別の切手を貼って宛先に送られるという方法をとっていた」

「コインはどうなんです？」

「アメリカの権威あるコインカタログにも我が国のコインが堂々と掲載された」

着々と新国家建設は進んでいるのである。

この国には、礼拝堂をはじめとして、郵便局・法廷・モーテル・食堂・売店が完備。郵便局はこの国唯一の官公庁である。出入国管理事務所もないので、ここで入国ビザのスタンプを押してもらう。ビザ代は四十五セント。希望者のみ、記念にビザを買えばいいのだ。まさに国鉄の記念スタンプと同じなのである。

郵便局の左奥が国王執務室になっており、右奥が法廷。

「法廷は、今、倉庫として使っておる。使う必要性がないもんで……。いやあ待てよ、かつて礼拝堂の十字架が盗まれたことがあったなあ。でもすぐ戻ったよ。盗っ人は隣国オーストラリアの人なので、この国を出てしまうと、逮捕できないもんネ」

一通り説明すると、国王は野良仕事へと行ってしまった。

それにしてもハエが多く、常に両手で「あっちへ行け!」と追っぱらわなくちゃいけない。一番この国に必要なのは厚生省のようである。

国王がいなくなった後、王妃サマは売店に一行を案内した。王妃は人手不足のため、郵便局でビザの発給や切手を売ったかと思うと、今度は恐れ多くも売り子に早変り。この売店では、バッヂ・Tシャツ・絵葉書・モノサシなどを売っているが、国王の半世紀をダイナミックに描いた『ザ・マン』という立派な本もある。財をなした成金が自伝をゴースト・ライターに書かすのとよく似ている。国王の一歳半の時と兵隊時代の写真が載っていた。

僕は、この本に目を通しながら王妃の傍に立っている第一王子イアン君に、この国の国民になるには? と聞いてみた。

「まず、十二カ月住んでもらい野良仕事に精を出していただきます。その働きいかんによって栄えあるハットリバー国民になれるか否か」

イアン君の両脚の入れ墨は無気味な青い光を放っていた。

取材する前、パースのパブである労働者と話しをした。

「ハット・リバー？　マスコミは、連中の意見ばかり聞いて、おもしろおかしく報道する。奴は税金を払わず、国王と自らなのっている。そして、このパースの別荘にも遊びに来ているようだ。税金を払わず、オーストラリアへ遊びに来る。もし政府が本気なら、ビザを発給しなけりゃいいんだ」

と鼻息も荒い。

一百姓の雄大なお遊びを苦虫つぶしたような顔でそれなりに対応しつつ、自らも楽しんでいる州政府の度量の大きさとセンス・オブ・ユーモア。政府の方が一枚上手だなあというのが私メの感想である。

(3) なんと白い標識にはカタカナが……

今にもカウボーイがヌッと出てきそうなブルームの中心街、といっても通りには映画館、中華料理屋、数軒のスーパーしかないのだが、その通りを汗びっしょりになって歩いていた時のことである。

四月にはいり（今はもう秋だというのに）、気温は四十度にハネ上っている。僕が来てから毎日確実に一度ずつ高くなっている。しばらく炎天下をうろうろするだけで休中の水分が吸い上げられ、スルメのようになってしまいそう。

午後二時のカナヴァン・ストリート。老人が、スーパーの軒先で中国語の雑誌を読んでいる以外人影は見られない。なぜかその雑誌には、十年も昔の記事が載っているような気がした。眩しい。白昼夢の世界にぐいとひきずりこむ、あのシーンとした眩しさ。二絞りオーバーのスライドみたい。なんとなくSFチックなのである。

僕の目は、その通りが切れるところに突っ立っている大きな道路標識をとらえた。青いペンキ缶一年分を空いっぱいにぶちまけたような紺碧の空の下、その白い標識は突立っていた。

「ん?」僕は近寄ってみた。それには〈CARNAVAN.ST〉と黒く書かれており、そのすぐ下に、金釘流のカタカナで、カナヴァン・ストリートと書かれているのではないか。地元の看板屋の親父が、日本人に書いてもらった手本を必死にまねた結果がこれなんだろう。あっ! この通りか。かつての日本人街があったところは……。僕は、もっとよく観察するために今来た道をUターンした。日本語の下には中国語・マレー語・アラビア語がタテに並んでいた。この通り、今はチャイナ・タウンと呼ばれていることを後で知った。

——僕は、この十年間のうちトータルで約二年間いろんな国を旅してきた。本場トルコでトルコ風呂体験をしたり、ネス湖の《ネス・カフェ》(喫茶店)でコーヒーを飲んだり、南米では、マンコカパックバスに乗りアンデス旅行しペンションションチンボに泊ったり、中国で直径31ミリの避学套《コンドーム》を買ったりとずいぶんアホ旅行をやってきた。

しかし、日本語表示の道路標識はブルーム以外で見たことなかった。珍しかった。それだけ日本人がたくさんいたという証拠だろう。

＊

ブルーム。西豪州の北部に位置する、人口五千たらずのちいさな町である。日本人には全くといっていいほど、馴染みのないところであるが、ヨーロッパでは有名らしい。

町はずれ、コンチネンタル・ホテル一階のパブで会ったミセス・リーはこんな話をしてくれた。

「ブルームは、真珠の港《ハーバー・オブ・パール》と呼ばれ、ここの天然パールは全世界の女性の憧れのマトでした。私、娘時代から、真珠のあの不思議《ミステリアス》な輝きに魅せられていましたね。一度は、ここに来たかった」

彼女は、ロンドンで生まれ、オーストラリアに移民した。そのせいか彼女の英語は聞きやすかった。

青いトレーナーがよく似合う。手の美しいオバさんである。六十歳前後だろう。

「シドニーに住んでいます。今、主人と七カ月間オーストラリア一周ドライブの途中なの。主人にねだって、ブルームで一週間遊ぶことにしたのです。主人？　あっちでビリヤードやってるわよ」

ダンナは僕たちにウインクを送ってきた。僕はグラスをあげてそれに応えた。

ミセス・リーの心の中にはパールということばとともに、ブルームという地名がずっと刻まれていたのである。

「そのブルームへやっと来ることができた。幸福だわ《アイム・ハッピイ》」

僕達は何回も乾杯《チアーズ》をした。パブの壁には、昔のブルームを彷彿させる真珠採収船《ダイバーボート》の模型が十数隻飾られていた。

外に出ると、見わたす限り地平線がすべて夕焼けだった。それを真っ二つに割るようにカモメが飛ぶ。こんな絵葉書をどこかで見たことがあるような気がした。

＊

そんなブルームの真珠産業を支えていたのは日本人だった。

「最盛期には、日本人が二千人もおったそうや。カナヴァン通りの日本人街には、榎本ハウスとか坂本ハウスとかダイバー相手の下宿屋があってのう。そうそう、豆腐屋もうどん屋もあった。日本人の医者も売春婦《カラユキさん》もおったのう」と高田昭二さんは天井に大きな台の扇風機がまわるリビングルームの椅子にサルマタ一枚で坐り語り続けた。

「オーストラリアへ来て二十五年になるかなあ。オーストラリア国籍もとった」。彼は紀州（和歌山県太地の出身である。元ダイバーで、今はダイバーボート（ラガー船）の責任者で半分は海に出る。痩せているが、赤銅色の体にはハリがある。大工刈り。笑うと目にシワができる。五十四歳だという。

その高田さんと、ファースト・ダイバーの田中さんに案内してもらって、日本人墓地に行った。田中さんは三十代である。紀州浦神の出身だ。墓地は鉄柵で囲まれ、入口には、《ジャパニーズ・セクション》と書かれた立札があった。すぐ隣りには、マレー・セクション、チャイニーズ・セクションが見える。

（4）ブルーム行かにゃ男やないぞ！

入口をはいると、草いきれでムッとする。墓地の中央には、車が通れるほどの道があり、その両側に墓があった。右側の墓の雑草はきれいに刈りとられていたが、左側は雑草がぼうぼう。「毎年、ここの四人が掃除をしてくれるんです。もうじき左側もきれいになるはずやで」

と田中さん。

「墓石、これ、御影石ですネ？」

「日本から船で運んだものです。他にサンド・ストーンでこさえたのもあるけどね」

《ジャパニーズ・セクション》には約千の墓石がある。

「ひとつずつよく見ていくと、日本全国から、まんべんなく来てるやろ。紀州人の墓が多くて、全体の半分ぐらいかな。その七割ぐらいが太地出身者の墓やねえ」と高田さんは太地弁で語る。

太陽はその《熱さ》を増し、Tシャツには汗の《オーストラリア大陸》が浮き出ている。熱いから日陰に入ろうと僕たちは大きな木に体を入れ、話しを続けた。

「なんでまた紀州（太地）の人が多いんでしょうねえ」

「紀州というところ、人間のつながりが強固で、たとえば一人が外地で成功すると、兄弟、親戚、友人を呼びよせたんやのう。そこが、他の県と違うとこ。紀州に次いで多いのが鹿児島、愛媛やね。この二つを合わせた数と紀州人の墓と同じぐらいかな。県が貧しかったということと、尻の軽い紀州人気質、そして強固な人間関係でこんなに増えたんと違うかなあ」

和歌山県以外に、貧しい県もあるはずだけれど、これだけたくさんの人が外国に出るというところに、紀州人の進取の気性を感じるのである。

僕は、この墓を見て、まずその数の多さにビックリし、そして感動するのである。交通事情も経済事情も悪かった時代に、よくこんな片田舎に日本人がやってきたということに対して。

墓石を見てまわると、十九歳とか二十三歳とか若死が多い。

坂本甚之助之墓太地村二拾三歳大正四年三月十一日という墓がある。

ダイバーの田中さんは、

「死因の大半は潜水病か脚気やろね。昔は食糧事情も悪かったしね」

帰る途中、スーパーへ立寄ったら、日本人墓地の絵葉書が売られていた。日本人墓地が絵葉書になるのもブルームならではであろう。

さて、申し遅れましたけど、僕も何を隠そう紀州出身であります。最近、自分の中にも濃い紀州人の血が流れているなぁと感じている。

僕が小学生の頃、というと二十数年前になるかなぁ、クラスメートの何人かがブラジルへ家族とともに渡ったことがあった。彼らがいなくなった教室は虫食い算のように、ところどころ空白ができ、幼な心に寂しい思いをしたことがあるが、その反面、うらやましいなぁと思ったことも本当だ。

オーストラリアへ旅立つ直前、田舎へ帰った。特に、ブルームと深い関係にある太地町を取材したかったからである。ブルーム同様、ちいさな町であるが、捕鯨発祥の地として日本漁業史にその名をとどめているし、最近では鯨博物館で有名である。この町は典型的な遠洋漁業の町で、「南氷洋か、ブルームへ行かにゃあ、男やない。嫁さんのきてがない」という風土なのである。南氷洋へは鯨撃ち、ブルームへは白蝶貝ダイバーとして出稼ぎに行くのである。

僕は太地で会ったおじいさんから、「ブルームへ行くんやったら、日本人墓地の兄貴の墓に参ったってくれ」と線香を渡された。僕はいわれた墓を一生懸命探したが、その墓は見つけることができなかった。

＊

ブラジル移民には、なんとなく悲愴感が漂っているがオーストラリア移民には、明るさがあるように思われる。ブラジルの場合、家族単位での渡航が多いのだが、南の海に乗り出した人達には、圧倒的に単身者が多く「一発当てたろ」という、かなりヤマ師的な要素があったようだ。それと特筆すべき事は、南への移民は現地との同化がうまくいっているということだ。ブルームには、今、二十人の日本人がいるが、数組オーストラリア人と結婚し、うまくいっている。個として、日本と全く違う社会に溶けこむのが苦手な日本人にとって、きわめて特異なケースだろう。ブルームのみならず、木曜島、ニューカレドニアなど、みなそうらしい。

高田さんは「年寄りに聞いた話やけど、初期の移民は、極道とか与太者が多かったらしい。本当はアメリカへ渡るため、シンガポールで船待ちしていた時、豪州で金が出るぞう、真珠がとれるぞうというウワサを聞き、それってんで南下してきたそうや」
アメリカのゴールドラッシュを彷彿させる話である。

ブルームには、日本人の他にマレー人、ジャワ人、フィリピン人、中国人などがやってきた。このちいさな町は一大国際都市となるのである。

パースの近く、フリーマントルの博物館の資料によると、一九一一年のブルームには、日本人一五六六人、マレー人八五四人、ジャワ人一一七人、フィリピン人九六人がいたという。この博物館には、カラユキさんの写真もあり、キャプションにはJapanese wives of visiting businessmen about 1910. と書きそえられていた。

「ブルームで稼いで、帰国途中シンガポールでバクチにまけ、しかたなくブルームに戻るといった生活を十年も続け、やっと日本に帰ったところ、女房や子供が家に入れてくれなかった、なんて悲喜劇がかなりあったそうだ」と高田さん。

「紀州人は、相当積極的に仕事をするのだけれど、蓄財能力は無いようやねえ」

僕は自分のことをいわれているようで、一人苦笑した。

＊

来たる八月中旬から、ブルーム最大の祭SHINJU・MATSURIが催される。FESTIVAL・OF・THE・PEARLじゃないのがいい。

「去年は、二十八カ国の屋台が出ました。ドイツ人はフランクフルトソーセージを売ったり、アメリカ人は、ワラジ大のステーキを売ったり。日本人？　日本の城をつくり、それを山車にして町中をねり歩いた」

高田さんの言葉には、ブルームの経済はワシらが支えているという大きな自信が感じられた。

さて夕方である。コンチのパブへ冷たいビールを飲みに行くとするか。またミセス・リーに会えるかもしれない。

(5) わずか四行の大陸だネ。寂しいぜ！

早朝、スコールがあった。ヤシの葉をたたく強い雨の音で目が覚めた。なかなか寝つかれない。部屋に置いてあった、表紙のない、古い週刊誌をバラバラとめくってみた。セーラー服姿の山口百恵のグラビア・ページがあった。とすると、この週刊誌は何年前のだろう。

うつらうつらしている僕の耳に突然、ジャマイカ風のリズムが聞こえてきた。僕がお世話になっている日本人キャンプ（ダイバーの宿舎）の前の白いトロピカル風の家からのようである。ブラインドの隙間から、赤茶けた道の向こうに、ショートパンツ姿の若い女の子が見えた。彼女の持っている大きなラジカセからだった、そのリズムが聞こえてきたのは。ヤシでおおわれたその庭は、風がヤシの葉を揺らすと、葉影がユラユラとまるで生きもののように動く。風に乗る強烈なリズムは、そのまま碧空に吸いこまれそうだサミーは、朝からウェット・スーツの修理をしていた。沖に出ている時、一日に十回以上も潜るので、傷みも激しいのだ。サミーは愛媛県宇和島の出身である。三十三歳。かつて大手電気会社に勤め、その後、故郷で本の訪問販売の仕事をしていた。サミー・デイビス・ジュニアにちょいと似ているから、誰かが彼をサミーと呼んだのか知らないけれど、僕には、ヒゲをはやした精悍な顔、威勢の良さから、むしろメキシコのフライ級のボクサーのように思えた。

「ブルームに来て十一年にもなるなあ。日本人? ええっと、十四、五人かな、このキャンプには。町全体で二十名ぐらいやね。昔は、二千人の日本人がいたという話やけどね」

彼らは白蝶貝ダイバーである。この貝はボタン、フォーク、ナイフの柄になったりするのである。ほとんど欧米に輸出されている。現在、人数は最盛時の一%しかいないが、今でもブルームの経済を支えているといっても過言ではない。

「昔は、四週間から八週間も海に出たそうだけど……」

「うん。今は一カ月に二回。一週間働いて、一週間陸で休むというローテーションだ」キャンプの庭では、アボリジニーズ(オーストラリアの原住民)のおじいさんが、野球帽をかぶって水を撒いているのが見えた。

「僕サ、こっちに来る前に、オーストラリアの歴史を調べようと思って、高校時代の世界史の教科書をひっぱり出してみたのネ。どのくらいの記述があったと思う?」と彼に聞いてみた。

「ええと二、三ページやろな」

「わずか四行！　つまりサ、《イギリスの植民地》の項で一行。《列強の進出》の項で三行」

「それはさみしいな」とサミーは修理の手を休めずにいった。

「歴史の教科書風にいうとネ、この国は、日本人にとっては、《わずか四行の大陸》だネ」

「全く。でもネ、そろそろ《四百行の大陸》になるんじゃない、日本にとっては。日本の二十倍の広さだし、資源は豊富だし、人間もええし……」

買物に行ってきた数人のダイバーがドヤドヤと帰ってきた。紙袋に、あふれんばかりのビール、牛乳、ウイスキーが入っている。キャンプでは、宿泊代とメシ代がタダで、飲みものは自己負担となっているのである。
「この国はボートピープルをはじめとして、移民政策は前向きだね。まあ国が広いということもあるんだろうけどサ」と僕。
「毎年、七万人の新国民が増えているというもん。人口千四百万人の中で、新国民の占める割合は三分の一だもんナ」
移民の出身国家数は、およそ百四十カ国。ほとんど全世界から来ているわけだ。

いまや、アメリカ以上の《多国籍モザイク国家》といえるだろう。が、アメリカと似ているようで違うのは、アボリジニーズ（オーストラリア原住民）は別として、黒人がすごく少ないのである。黒人のダイナミズムさがオーストラリア文化の背景にはない。黒人のパワーが加わると、音楽を始め文化の〝新しい芽〟が出てくるような気がしてならない。

(6) この辺の女はヤバイの？

サミーは立ち上り冷蔵庫をあけ「EMU《エミュー》、それともスワン？」と僕に聞いた。どちらも西オーストラリアを代表するビールの銘柄だ。僕はEMUといった。

「海で一番こわいものは何だろう。やっぱりサメ？」

「サメも海へビも恐いけど、やっぱり、病気をもらうことや」

「梅毒とか？　ローソク病とか？　この辺の女はヤバイの？」

「アホ！　潜水病にかかることや。ワシらは十一尋（約二十メートル）しか潜らんけど、かかる時がある。そりゃ痛いで。関節は痛くなるし、吐き気はするしな……。かかると、もらった深さまで降ろしてもらって、海中に吊ってもらい、自分で調整するわけや。そこで痛みがとれたら徐々に上げてもらうわけや」

「三時間ぐらい、吊るすことがあるなあ」と話に加わった浜口君。紀州田原の出身で、彼はダイバー三代目。おじいさんも、親父も、オーストラリアで潜っていたそうだ。

昔は、この《吊り方》がわからなくて、潜水病で死んだ若者がたくさんいたという。

「俺の聞いた話では、最高六十八時間、吊ったという記録があるらしいで」とサミー。

「あのな、潜水病ちゅうのは、水中だけでかかるモンではない。甲板で晩メシ食っている最中に突然、やって来ることもある。まあ、タバコがおいしいなと感じられたら、問題はないわな」

タバコは、潜水病のリトマス紙みたいなものである。

「面白いことに、海へビや赤亀の泳いでいる下には、貝があるんや。海底に、我々で勝手に名前をつけていてな、《馬のマラ》とか《ネコのクソ》とかな。海底に、馬のナニみたいのがにょきっと出ているわけや。僕ら、朝陽の出る前から潜るんやけど、水中がブルーに染まり、ものすごい爽快感があるな」

彼らは、一航海で一人七〜九百ペアーの貝を採る。二枚貝だから、つまり上下あわせてワンペアーということだ。

「貝の上ぶたをベレン、下をマンコというんや」とトンボ。

「年収はどのくらいなの?」

「貝の歩合によって違うけど、二万〜二万三千ドル(一ドル=二五〇円)ちゅうとこかな。でもな、税金、どえらい高いからな、この国は。三分の一ぐらい持っていかれるよ。俺の税金でここのポリ公一人を養っているようなモンさ」

キャンプにサブローさんがヌッと顔を出した。前歯が二本欠けているのが印象的だ。

「私は、ピーター・サブロー・カネガエです」と流暢な日本語で自己紹介した。僕のノートにうまい字で《鐘ケ江《かねがえ》》と書いてくれた。四十六歳の二世だ。

「父は長崎の出身。六十年もここに住んでいました。母？　ブルームの人です」

出発前の僕の頭の中には、これだけ、日本人がたくさんいたのだから、ブルームには二世がかなりいるに違いないと、僕なりにヨミがあったのだけれど、現地に来てみると、アテがはずれた。二世は、十人もいないようである。家族定着型のブラジル移民と違って、ここは短期の契約移民が多かった。ヨメさんを日本に残し、単身で出稼ぎ移民としてやってきた人が多い。三年ぐらい働いて日本に帰るというパターンが多かったから、こちらで結婚するというケースは少なかったに違いない。

同じオーストラリア、アラフラ海の木曜島には、フジイ・ナカダ・シバサキといった日系人がいると、ブルームで聞いた。

「ボクネ、日本軍がブルームを攻撃する前（太平洋戦争の頃）収容所に日本人と一緒に入れられた。六年間です。待遇はよかったネ。収容所の中の学校で日本語の読み書きを勉強した」

天井の大きな扇風機がゆっくりと輪を描いている。

「僕ネ、心は日本人。民謡も大好き。四年前に初めて日本に行ったョ。大きな町ばっかりだった」

日本を想い出すように、タバコの煙にじっと目をやった。外から子供の泣き声が聞こえてきた。

＊

キャンプに、ダイバーＯＢの増ヤンが現われた。やはり太地の出身である。オーストラリア滞在二十五年。すでに国籍もとり、奥さんもブルームの人だ。今は、サブローさんと同じ、港湾関係の仕事をしている。カニを採りに行かないかという。即OKした。

ランドローバーで、ローバック湾《ベイ》に向った。「今日は大潮だからな」潮がひくと八・五メートルの水面下を歩けるのだ。

左右にブッシュの多い道を走っていると、五匹のカンガルーの集団に出会った。が、エンジンの音を聞いて一目散にブッシュへ駆けこんでしまった。あまりの足の速さにびっくりしてしまう。木と木の間から我々を見ている。

「ライフルを持ってくりゃあよかったなあ」と増ヤン。

鼻歌まじりで走っていると、泥地にタイヤをのめりこませてしまった。カニ採りに行く前に、二人とも足と手は泥ンコだ。そこに、ミニモーター・ホーム型のバンが止まった。

「アー・ユー・オーライ?」

若いカップルだ。手を貸して欲しいと頼んだ。

彼らから板きれをもらい、車輪の下に敷き、三人で押すと、車は、泥地を脱出した。泥で汚れた手で握手をした。彼らはパースの西オーストラリア大学の学生で、男性はジョンといい建築を専攻、一方彼女はマリアといって教育学を専攻している。

「一カ月間、ブルームのケーブルビーチの近くのキャンプ場で生活しているの。遊びにいらっしゃいよ。シーユー、今晩コンチのパブで会わない?」

僕たちは、手を振って別れた。

予定より三十分遅れて着いたローバック湾《ベイ》は、いかにもオーストラリアらしい海岸で実に荒々しい。大きな岩がゴロゴロしていて、聖書のある場面に出てきそうな風景である。

まず、右手に、先が曲った二メートルほどの鉄棒を持ち、左手には、カニを入れるズタ袋を持ち、増ヤンについていった。

彼は、日本人の間では、カニ採りの名人として名が通っているのである。ダイバー連中のレジャーとしては、ゴアナ（大トカゲ）撃ちやこのカニ採りに人気がある。カニ採りには、クラブ・フックという鉄棒一本あればいいのだから、手頃なアウトドア・スポーツなのだ。

名人は、麦わら帽子に長靴でどこまで続くぬかるみぞとばかり進みながら、鋭い目で「この岩にはいるぞ、あればダメ」と厳しく選別していく。岩の入口の土の盛り上り具合で、入っているのかいないのかがわかるらしい。カニといっても日本とはスケールがまるっきり違う。たとえば、沢ガニが日本だとすると、ブルームのカニ（ブルーヘン・クラブ）は、《オーストラリア大陸》そのものなのである。大きさは、右足から左足まで四十センチ以上。ツメが大人の手のひらぐらいあるのだからかなりの迫力である。

「この岩にカニがいるから、あんた、棒を突込んでみな」

僕は教えられたようにするが反応はない。

「もっと強く突込まにゃあ」

と名人。ブルームの太陽は、ジリジリと照りつける。僕は白い帽子を深く被り直した。ただ、鉄棒を岩に突込んでカニを掻き出すだけなのに、挿入の角度やタイミングが難かしいのである。名人にかわってもらったら、いとも簡単に敵を掻き出した。

「昨年、ツメで左の親指をかまれてねえ。六針も縫うたよ」

名人、一生の不覚というところか。

今日は二時間で十五匹の収穫だった。

「まあまあやね。調子のいい時は一日で百匹も採ったことがあったなあ」と呟いた。

(7) オーストラリア新移民希望者は、プロレス大好き青年だった!

一人の若者が『別冊ゴング』を旅行カバンにしのばせて、ブルームの町へやってきた。追いすがる彼女に「流れ者には女はいらねえ」とタンカをきって、やってきた。白蝶貝を採るダイバーになるためである。童顔で、腕は丸太ン棒のように太く、東京都の健康優良児がそのまま大きくなった、そんなフンイキが漂っていた。

ブルーム到着の翌日から、日本人キャンプの庭で、早朝トレーニングを開始した。

①腕立てふせ五〇〇回(十五分)②ヒンズースクワット(屈伸運動)一〇〇〇回(三十分)③腹筋運動五〇〇回(二十分)④ブリッジ(十分)——という、メニューだ。

近所の子供たちが、もの珍しげに集ってきた。「JUDO?」「KARATE?」。どこへいっても、この二つは「ソニー」や「ホンダ」より有名なのである。熱くなったコンクリートに汗が《世界地図》を描こうとも、一瞬のうちに乾いてしまう。またその上に汗がしたたり落ちる。

朝とはいえ、すでに太陽のひざしは鋭い。時折、海岸の方から爽やかな風がサンバのリズムをのせて吹いてくる。海岸にいるマレー人たちのラジオからだろう

「十日ばかり、トレーニングしてないから……キツイなあ」

なんで、こんなハードなトレーニングをするのか。マゾヒストなのか。根っからの肉体派なのか。プロレスが大好きなのか。

「おたく、アマチュア・プロレスのヒト?」

最近、アマ・プロレスというわけのわからんのが流行しているので、てっきりその筋のヒトかなと思ったわけである。

「ここに来るまでプロレスラーの卵。猪木さんの新日本プロレスにいたことがあるんです。トレーニング? 朝起きてクソするようなモンです。これやらないと一日調子悪いンだ」

そうか、彼にとってトレーニングは汗の排泄行為なのか。

彼の名は三枝《さえぐさ》伸也。二十四歳。家は東京・数寄屋橋で美術商を営み、彼はそこの四代目である。が、跡継ぎはしない。かなり好き勝手に生きているのである。学生時代には、アマレスの経験を活かして、新日本プロレスの練習生となる。

僕たち、力道山をテレビで見ながら育った世代は、プロレスと聞くだけで、白黒テレビ→金曜夜八時→三菱ダイヤモンドアワーと連想ゲーム的に口をついて出てくるのである。三十代前半の人間でプロレスの洗礼を受けなかった男のコは多分いなかったろう。だから、プロレス好きと聞くと「ホホウ」と思い、「元プロレスラーの卵」などと聞くと、「ワーァオー」と急に、敬愛の情がグツグツと沸いてくるのだ。「トレーニングに行っている時、上田馬之助サンと知り合ったンです」外人コーナー控室から登場する日本人レスラーあの〝まだら狼〟である。彼にプロレス見学に誘われてメキシコへ後援会の人と一緒に行く。

「メキシコのプロレスは、ボクシングみたいに階級制《ウエート》なのよネ、ここなら俺でもやれる、なんて思ったりして」

彼はレスラー志望者としては、身長一七三センチ、体重八五キロ、胸囲一一二センチと小さすぎるのだ。一見小柄に見える藤波辰巳ですら一八六センチ、九八キロもあるのだ。階級制《ウエート》のあるメキシコならやれるが、日本でリングに上るのは無理な話である。

メキシコから帰り、あるパブの厨房で働くことになった。

「で、お金溜めて、オーストラリア一周旅行をしたンです。俺、ガキの頃から、ドデカイのが好きで、この国の雄大さに憧れた」

二カ月間一人旅。その途中、彼はいろんな日本人に親切にされた。その中に、海野さんがいた。今は、豪日共同出資の水産会社で働いているが、かつてはブルームの海に潜っていた。体の衰えを感じて転身。

現在、オーストラリア国籍を持っている。対日漁業調査団の一員として、キャンベラ政府から選ばれ日本へ行ったこともある。オーストラリア移民の「新一世」のひとりである。僕は、この海野氏にパースで会った。

「三枝君みたいに、自分流の生き方をする奴は好きやねえ。かつてのワシもそうやったしのう。オーストラリアで働きたいというので、ブルームの知人を紹介したわけや」

三枝君は、たまたま海野氏に会ったことで、ブルームで働くようになるわけである。たまたま猪木のトレーニングを見て練習生になるが、小柄という理由でレスラーになるのを断念。たまたまオーストラリア旅行をして、オーストラリアで職を見つける。たまたまのチャンスをモノにする、しないは、やはり才能だろう。

「オーストラリアを旅行してみてね、思ったことは《可能性の大陸》だということなンだよねえ。なにかがやれそうだというフンイキが国中に漂っているじゃない。アメリカよりもネ。国は広いわ、女は綺麗だわ、いいところですよ、この国は。ここで一流のダイバーになりたいな」と彼はいった。

一週間の航海に出る前、会社で視力検査があった。

「俺の視力、ガタンと落ちていてネ、〇・三しかない。ダイバーは無理といわれた。目が悪けりゃあ、貝なんて拾えないもんネ。潜水補助夫《テンダー》だな、俺は。プロレス時代、鉄柱への頭突き練習をずいぶんやったもん。それで視神経がやられたンと違うかなあ。いやあ、まいった」

その日、二艘のダイバーボートは、鏡のような水面に二本の白い線を描きながら沖に向った。

（8）どう初体験は？ と彼に聞いた

一週間後、マッ黒に日焼けして、元気に戻ってきた。

僕は、町はずれのコンチのパブに誘った。

そろそろ屠殺のシーズンとかで、全国から季節労働者が集まってくる。ブルームは、真珠ばかりでなく、牛でも有名なのである。ルート1で、牛を満載した大型トラックによく擦れ違った。

このパブにも、いかにも牛関係の人といった、労働者たちがビールを飲んだり、玉突きに興じている。

僕たちはカウンターに座った。前の壁には、ダイバーボートの模型が十数艘飾られている。まだ時間が早いので半分ぐらいの入りだ。何回も通っているので顔見知りもできた。顔を会わすと「今日はどこへ行ってきた？《ホエアー・ハブ・ユー・ビーン・トゥデイ》」と必ず聞く老人がいる。パイプがよく似合う紳士だ。

「今日は、ゴアナ（大トカゲ）撃ちに行ってきたよ」「収穫は？」「一メートル位の一匹だけ」

「ノーグッドだな」とニコリと笑った。「今度、私が撃ち方を教えてやるよ」

店のマダムもよく心得たもので、カウンターに座るとビールがスッと出てくる。

「どう、初体験は？」と彼に聞いた。

「最初は疲れたなあ。俺、新入りだから、船にはまだベッドがない。機関室の上に布団を敷いて寝た。

ローリングすると真上の南十字星が左右に大きく揺れるンだ。九時過ぎれば布団の中で、朝は五時起き。

淡いブルーの朝の海は、ものすごく美しい。なんか敬虔な気持ちに、俺でもなるなあ」

「で、どんな仕事をしたの？」

「ウン。甲板での貝の仕分け。この腕見てよ。貝の粉や海草でこんなにカブレちゃった」。太い腕はジンマシンのように、赤い点々ができていた。

一つのダイバーボートには、船頭、機関士、ダイバー四名、潜水補助夫《テンダー》二名の計八名が乗り込む。昔のダイバーに話を聞くと、新入りは炊事、洗濯、ダイバーの身のまわりの世話をしたという。船の上では、ダイバーは独裁者であった。今は、すべて当番制だし、独裁者もいない。

パブはかなり混んできた。時々、玉突きグループから歓声があがり、そのたびに乾杯《チアーズ》の声が天井に木霊する。

となりの席の男が僕たちに話しかけてきた。一九〇センチはありそうな巨漢だ。

「ジャパニーズだよな」

「イエス」

「ダイバー？」

「うん、まあな。あんたは？」

「ダーウィンからブルームの牧場へ働きに来ているんだ」

彼は、ビルと呼んでくれといった。金髪、二十歳後半だろう。彼の英語は典型的なブロード・オーストラリアン。母音を長く二重母音化して発音する。アメリカ南部の英語と似ているような気がした。僕の耳はまだ、オーストラリア英語に慣れていない。「もう一度《パードン》」を連発して話のコシを折ってしまう。

「アナタの顔から判断すると、多分、出身は東欧じゃないか」と僕は聞いた。いろんな国を廻り、たくさんの人たちと会っていると、自然に自分の頭の中に、《人種一覧表》ができ、顔やしゃべり方を聞いただけで、何系に属しているのかわかるようになる。

このビルは、なかなかの好男子。僕の友人は「外人を見ると全部映画俳優に見える」といったことがあるが、ビルもハリウッドからお呼びがかかりそうなイイ男だ。

「あたり《ライト》。両親はハンガリー人だ。ブダペストからの移民だ」

「俺、行ったことあるよ。ワインがうまかったなあ」

「ミスター・ダイバー、なぜオーストラリアへ来たンだい？」

「でっかい《ビッグ》所で、でっかい《ビッグ》事をしてみたいからさ」彼はビッグにアクセントを置いてしゃべった。

「ウン、この国ならできる。社会福祉、ホリデイ、労働組合の強さ、どれをとっても、アメリカより上だと思うネ、俺は。しかし、アメリカと違うところは、移民が多くて、まだアメリカのように、ひとつの国になりきっていないということだな」

「俺は、ダイバーになるつもりで、ここに来たンだけれど、視力がちょいと足りない。ダイバーは無理というわけさ。ブルームの日本人たちはみんないい人ばかりだし、ここで当分、生活をして、将来は、この国にプロレスを広めたいと思っているンだ。そのため、日本との、かけ橋になろうという夢がある」

「俺もプロレスは大好きだ。でも、この田舎じゃ試合は見れないけどね。パースに行った時、雑誌を買ったことがある……エエット、『ファイト』とかいうタイトルだったかな」

「プロレスはオーストラリア人にうける気がするんだけどネ。まず、その豪快さを、八月の真珠祭りでデモンストレーションしたいネ。たとえばさあ、特設リングを作ってもらって、土地の若いのと一戦なんて……ネ。アリと闘ったアントニオ猪木って知ってるだろう？　俺、そこに通っていた」

「そりゃあすごい《グレーィト》」

僕たちは乾杯した。ビルの吸っているマルボロのけむりが目にしみた。

「日本へ帰ったら『ゴング』『別冊ゴング』『週刊ファイト』を送ってよ。やはり、日本のプロレス事情が気になるからサー」と彼は大きな声で笑った。

オーストラリアへ日本人が足を踏み入れて以来ほぼ一世紀。新しいタイプの移民が誕生していた。

明日は、彼にとって二回目の出航の日である。そしてまた、僕がブルームを離れる日でもある。

（「漫画アクション」一九八一年六月二十五日号〜七月五日号）

シドニー郊外の秘境 ブルーマウンテンズ

ブルーマウンテンズのシンボル、スリーシスターズ

オーストラリアは世界遺産の宝庫だ。二〇〇〇年十二月、十四番目の世界自然遺産に指定されたのがブルーマウンテンズ国立公園。ニューサウスウェールズ州内では四つ目の世界遺産となった。

シドニーの西方約百キロ、大自然の雄大な景色の中に千メートル級の山々が連なり、その間にユーカリの樹海が深い渓谷を包むように広がっている。これらのユーカリの大樹林から発せられる霧状のオイルと高山の霞が溶け合い、山がぼやっと青く見えることから、ブルーマウンテンズという名前が付けられた。

およそ一万四千年前からオーストラリア先住民であるアボリジニが住み、彼らの聖地のひとつとなっている。現在ではシドニー近郊の高原リゾートとして親しまれているブルーマウンテンズだが、十八～十九世紀の初期開拓時代には、入植者たちの行く手を遮る巨大な壁であった。

ブルーマウンテンズ観光の拠点になるのは、風光明媚なカトゥンバの町。この町から多種多様のブッシュウォーキングのコースが張り巡らされている。代表的なアトラクションは、樹海の中を五十二度の急傾斜で滑走するトロッコ（シーニック・レイルウェイ）と、高度三百メートルのところから樹海を一望できるロープウェイ（シーニセンダー）。トロッコの終点は、ブルーマウンテンズのシンボルとして名高い奇岩・スリーシスターズの麓へと続く散策コースとなっている。

このスリーシスターズを見るには、町から車で五分のところにあるエコーポイントがベストだ。展望台の左側にそびえるスリーシスターズの姿が美しい。三つ並んだこの奇岩は、アボリジニの伝説によれば、敵から逃れるために三姉妹が岩に変身したといわれており、その先には「オーストラリアのグランドキャニオン」と呼ばれる広大なジャミソン渓谷が広がっていた。

展望台にはひっきりなしに観光客やハイカーがやって来る。スリーシスターズを眺めていると、雲が渓谷から湧いてきて波打ち、一面を水墨画の世界に変える。と、今度は急に陽が岩肌に当たり、その立体感を浮き彫りにし始めた。樹海から吹き上げてくる風が私たちを取り巻くように流れ去っていった。

その後、カトゥンバから十キロほど北に位置するブラックヒースという町に向かった。山間にひっそりとたたずむ人口五千人の小さな町で、今夜の宿泊は森の中に造られた「ジェンビー・リンジャ・エコ・ロッジ」。国立公園の一部が丸太小屋になったユニークな造りだ。省エネをモットーにしているため、太陽熱を利用したり排水に気を配ったりと、周囲の自然を損わぬように配慮したエコ・ロッジである。

このロッジの名前となっているジェンビー・リンジャとは、アボリジニの言葉で「森のオウム」のこと。赤い身体に黒い羽根、青くて長い尾を持つ鳥で、ロッジのベランダから何羽も見ることができた。

また、昼食を食べたルーラの町はカトゥンバのすぐ東側にある小さな町で、淡い色の壁を持つメルヘンチックな家々が立ち並び、どの家の庭もきれいに整備され、カラフルな花であふれていた。それもそのはず、ルーラは有名なガーデン・フェスティバルの開催地なのである。エバーグレーズ・ガーデン、メルキュール・リゾートをはじめ、いくつかの個人宅の庭園も一般に公開される。

エバーグレーズ・ガーデンは一九三〇～五〇年代にかけて高原地帯の庭園造りで活躍したポール・ソーレンセンの代表作で、ナショナルトラストが管理する貴重な歴史遺産。広大な庭園には、アガパンサス（アガサ・クリスティが愛した花）やペニキュレーター、ニフォーフィア、ツツジ、シャクナゲ、そして桜、水仙、楓などオーストラリア固有の植物と我々にもなじみ深い花の混合が楽しめる。

庭園パーティが楽しめるテラスなどは、一九三六年に造られた建築物とは思えないほどモダンである。

到着した翌日、ブルーマウンテンズの一日エコツアーに参加した。ガイドは大自然のすべてが好きというティム・トランターさん。最初は四輪駆動車でユーカリの林の中を走る。オーストラリアで最もよく見かける原生の樹木だ。「ユーカリの種類は六百種類とか、あるいは千種類を超えると言われていますが、まあ八百種類が妥当なところでしょう。ユーカリの葉には薬効があり、のどの薬などになります。また、そのうちの何種類かがコアラの食料になっています」とティムさんが運転しながら説明してくれる。

「この木にはある種のオイルが含まれていて、放出するこのオイルの気体が一面に漂っています。乾期になると、風によって葉と葉が擦りあっただけで自然発火します」

ユーカリは火事の熱でその固い実が弾けて地面に種を蒔き、そして燃えたユーカリの灰が肥料となって新芽を育てていく。つまり子孫繁栄のために自ら発生させている油で火事が起きるのを待っているのだ。いわば「自己焼き畑農業」を行うことによって、新しい命を生み出すというシステムを持った植物なのである。

なるほど、だからオーストラリアには山火事が多いのだと納得した。ティムさんよると、沈下してから一週間後に火事の現場に行ってみると、ユーカリの木々は真っ黒に焼けているが、その中から青々とした新芽が顔を出していると言う。

さらに驚いたことに、そのユーカリが火事を引き起こすのをじっと待っている植物が何種類もあるというのだ。四百度以上の熱によって固い殻が破れ、種子を飛ばし生き永らえていくのである。ユーカリの林の中で、高熱を期待している植物群。

別の言葉でいえば、熱を待ち望む植物しかユーカリ林のエリアでの共存は許されないのである。

まさに、みごとなサバイバル。この話を聞いたとき、私は宇宙全体を支配する「中心」という存在を強く感じた。神といっていいだろう。その「中心」が支配する大きな「宇宙生命体」。この地球全体が、組織されたひとつの生命体に組み込まれているのではないかと思った。

その代表的な植物がバンクシア。オーストラリア固有の珍奇種で種類は五十ほどあり、どこでもよく見かける。その実は人が手を握ったほどの大きさで、遠くから見ると松ぼっくりのように見えた。「寒い冬に、細い針状のものが集まって十~十五センチの円筒状の花を咲かせます。色はオレンジ、赤、クリーム色で、その花を水に入れて飲むと頭痛などによく効きますよ。アボリジニの知恵ですね」とティムさん。

このバンクシアは、発見したイギリスの博物学者のジョセフ・バンクス卿の名前を取って名付けられた。バンクス卿は、かの有名なキャプテン・クックの第一回世界博物探検航海（特にオーストラリアや太平洋の島々の調査をすることを目的としていた）で、「エンデバー号」に乗り込んだ学者である。彼は日本ではなじみがないが十八世紀のイギリスで自然誌（Nature History）の基礎を築いた人物として有名だ。この高名な学者が自分の名前を付けたほどのバンクシアは、よほどバンクス卿に気に入られたのであろう。

ティムさんはゴベット・リープ・ルックアウト（展望台）入口に車を止め、林の中を歩き始めた。しばらく歩くと風で削られた大きな洞窟に出た。その洞窟でティータイム。ティムさんは、アボリジニの伝統的な木管楽器ディジュリドゥを演奏してくれた。一三〇センチぐらいの長い筒の一方の穴に口をつけて塞ぎ、息の吹き込み具合で、カンガルーが跳躍する音や、ディンゴ（野生の犬）の鳴き声などを聞かせてくれた。お腹に低音がびんびんと響いてきて、原始の音楽を彷彿させるものがあった。

ユーカリの中を歩いていると、林の上に青空が高く大きく広がっていた。風が耳元を駆け抜けていく。ふと自分の呼吸がゆっくりとなり、時計の進み方がいつもとは違うということに気づいた。周囲の自然とリズムが合い、より大きなものに包まれているという感覚。まるで大地が生みだす巨大な胎内で大地に戻った気分といったらいいだろうか。

シドニーから車でわずか二時間の秘境で、まさに文字通りのナチュラルハイに浸っていたのだろう。

二〇〇〇年のオリンピックを機に、ダーリングハーバーを中心に多くのホテルやレストラン、ショッピングセンターが増設されたシドニー。街の中には、モノレールが高いビルの間を縫って走り、広場もちょっとしたアミューズメントパークのようになっている。

ロックス周辺がシドニーの古き良き歴史の町とするならば、このダーリングハーバーはまさに未来のシドニーを象徴しているエリアと言えるだろう。オペラハウスと並ぶ観光の定番コースとなっている。

五十三万平方メートルの広大なエリアを散策するには、まずはダーリングハーバーを取り囲むように走っているモノレールに乗り、さっと全体を見渡し、気に入ったところで降りて見学するといいだろう。世界で三本の指に入るシドニー水族館、通常の五倍の巨大なスクリーンによるパナソニック・アイマックス・シアター、ゲーム感覚いっぱいのセガ・ワールド、異国情緒漂うチャイニーズ・ガーデン、オーストラリア最大の博物館パワー・ハウス・ミュージアムなど必見のスポットが点在している。

このダーリングハーバーでゆったりと時間をつぶし、そのあと桟橋から黄色い水上タクシーに乗ってみた。海からシドニー港の見学をしてみたかったからだ。水上タクシーは観光用のみならず、生活に必要な移動手段だという。シドニー近郊の島などに住んでいる人や、渋滞に巻き込まれたくない人が使っているそうだ。

途中、ハーバーブリッジの近くを通ると、ブリッジの頂上には、たくさんの人影が見えた。これが最近シドニーで大人気の「ブリッジ・クライム」。シドニーっ子が「コートハンガー」と呼んでいるハーバーブリッジのアーチ（海抜一三四メートル）を登るツアーだ。眼下にはシドニー湾、オペラハウスの雄大な光景が広がる。十二歳以上の健康な人なら誰でも参加可能で、出発前に四十五分のトレーニングがある。ツアーは三時間のコースで、日中と夜間の二コースがある。

翌日、シドニーのサーキュラーキーから船に乗って十五分、対岸に位置するリゾート感覚いっぱいのマンリービーチへと向かった。船の中は老若男女を問わず、水着の上からTシャツと短パン、ワンピースを着た人々で込んでいる。バッグにバスタオルとサングラスを入れて、まるで近所のプールにでも出かけるかのような気軽さだ。

わずか十五分でマンリーの船着き場に到着し、ショップや露店が並んだ通りをまっすぐ抜けると、突き当たりがマンリービーチである。きれいな浜辺や海でくつろぐ人々。その風景を眺めながらビーチ沿いのカフェでビールを飲む人。小高い丘にはおしゃれな住宅街が広がっていた。

しかし、一見この平和なリゾートエリアも、昔はオーストラリアという国が将来生き残れるか否かを左右する重要な場所であった。

一八三二年から一九八四年にかけて、マンリービーチ近くのノースヘッドは、クアランティーン・ステーションと呼ばれる検疫の土地として存在した。一八〇〇年前後、ヨーロッパからの移民が大量に入国してくると、彼らが持ち込んできた伝染病などによって、シドニー周辺に先住していたアボリジニたちは大量に死亡した。彼らに免疫力がなかったために、十九カ月のうちに八〇パーセントのアボリジニが亡くなってしまったという。

これをきっかけに、政府はマンリービーチの近くのノースヘッドに検疫所を設置し、オーストラリアに入国する者は、まず全員がここで検査を受けることが義務づけられた。検疫の結果、滞在を許された船の乗客や乗務員はまず消毒剤入りのシャワーを浴びさせられた。簡易シャワールーム二十四室は現在でも残っている。また彼らの衣類、持ち物まで身に着けているものはすべて大きな金属製の箱に入れられ、二つの倉庫に運ばれた。最初の部屋は消毒剤、もうひとつの部屋では蒸気が発せられ完全に殺菌された。

クアランティーンとはラテン語で「四十」を意味し、初期の検疫期間が四十日だったことに由来する。検疫所に収容された船客のなかには、完治することなくこの地で亡くなった者もいる。二百五十の墓石に交じって日本人の墓もあり、おそらく彼らはクイーンズランド州でのサトウキビ刈り、あるいは西オーストラリア州北部やトレス海峡の木曜島などでの真珠採りダイバーとしてオーストラリアに来たのだろう。豪日交流の歴史の一端を垣間見た気がした。

（「トラベル＆ライフ」二〇〇一年十一月号）

083 オーストラリア／シドニー郊外の秘境　ブルーマウンテンズ

ミャンマー

Republic of the Union of Myanmar

仏教が生活の中に生きている

時間がゆっくり流れる国・ミャンマー

青空から鈴の音が降ってきた。チン、チン、チリ～ン、チリチリ、チリ～ン。空を見上げると、パゴダ（寺院）の尖塔に付けられた相輪《そうりん》の鈴が細かく揺れている。灼熱の雑踏の中で立ち止まり、しばしその天界の音楽に集中し、耳をそばだてる。

国民の九〇パーセント近くが敬虔な仏教徒であるミャンマーでは、街を歩いていると視界の中からパゴダの姿が消えることはない。首都ヤンゴンでは、ミャンマー仏教の総本山であるシュエダゴン・パゴダや、下町の中心にあるスーレ・パゴダはどこからでも望めるし、街には花で飾られた小さなパゴダが点在している。

この国の仏教は、南方上座部仏教（小乗仏教）といい、日本のそれとは大きく異なる。紀元前四世紀ごろ、ヒマラヤ山麓で生まれた仏教は大きくふたつの道を進んだ。ひとつは中国、日本へと伝わった北方ルートであり、もうひとつはスリランカで確立されて、タイ、ミャンマーなどへ伝わった南方ルートだ。ミャンマーの仏教は修行が第一。出家して厳しい集団生活をしながら、経典に記された教えや戒律を守り、悟りを開くことを究極の目的としている。が、そんな知識よりパゴダに足を運び、一心に祈るミャンマー人を見ていると、彼らの宗教観がおのずと分かってくる。

ヤンゴンの数あるパゴダの中で、私が一番好きなのは、中央駅の北に位置するチャウッタッジー・パゴダだ。ミャンマー最大の寝釈迦《ねしやか》が納められているパゴダとして有名である。右手で頭を支え横になっているお釈迦様の像は全長六十五メートル、高さ十七メートルもある。青いアイ・シャドーの優しい目元と赤い唇。そのまわりには赤、黄色、緑、紫などの電球が横二列に並び、クリスマスの装飾のようだ。

体育館のように広いパゴダに腰を下ろした。犬がゆっくりと境内を歩き、子供たちが走り回る。その横で一心に祈っている女性たち。束ねた長い黒髪に挿した白い花、紫のロンジー（巻きスカート）が緑の床に映える。数珠をまさぐりながら瞑想している人がいるかと思えば、その隣で昼寝をしている人がいる。

私も眠たくなってきた。寝釈迦に向き合う形で、こちらも床の上で横になる。なぜ、こんなに気持ちいいのだろう。寝釈迦のあの切れ長の優しい目に見つめられたからか、ミャンマー特有のふっくらとした空気ゆえなのか。少年僧の笑い声が心地よかったからだろうか。それとも……。

深くて熱い、熱帯の魔術にはまる

建物の影が大きく伸びている。光と影がせめぎあい、深い渓谷のような模様が路上に描かれている。ミャンマーはアジアの国の中でとりわけ光が強く、影が濃いように思える。ミャンマーの女性と子供は、この強い日差しから肌を守ろうと鼻筋や頬にタナカという白い粉を塗る。ヤンゴンの街を歩いていて、〝ミャンマーを訪れた〟と最初に実感するのはこんな時である。

街を歩くと、日本から輸入した中古自動車が多いのに驚かされる。車のボディや窓には、日本語が書かれたまま走っている。ちなみに私たちが乗った観光バスは、「長崎バス」だった。街で見かけたタクシーには、「関西松下システム」と「シャープシステムサービス」の文字がくっきり。ほかにも、「サクマドロップ」「サンウェーブ」「沼津酵素工業」の名前も見つけた。

「佐川急便」の中古トラックが、シルクロードを走っているご時世だから驚くことはないのだけれど、ロンジーを巻いたミャンマーの人々の中を沼津とか喜多方とかの商店の車が走っているのは、何ともおかしい。

その「長崎バス」に乗り、「世界最貧国のひとつ」といわれているミャンマーの経済事情を見るために、ヤンゴン最大のボージョーアウンサン・マーケットへと向かった。

途中、バスから街を眺めた感じでは、最貧国どころか物があふれかえっているように感じた。人々はロンジーを優雅に身にまとい、パゴダに集う人たちの表情も明るい。少なくとも、国民の大半が貧困にあえいでいる、という印象はない。この市場にも日用雑貨、宝石、工芸品、お土産が所狭しと並べられていた。市場の周辺や路上には農作物や魚介類、電化製品が山と積まれている。GNP（国民総生産）ひとり当たり約二五〇USドルと報告されているが、なにが世界最貧国だ、とつい言いたくなってくる。

その辺の事情を、山口洋一・駐ミャンマー大使は、

「この二五〇ドルという数字は、生活実態からかけ離れているように思えます。貨幣経済に組み込まれていない自作や、物々交換とかの流通が多いんです」

と、語ってくれた。

国際クラスのホテルの建設ラッシュも勢いづいている。ヤンゴンでは、サミット・パークビュー・ホ

テル、セドナ・ホテルなどの新しいホテルが誕生した。ミャンマーのチョー・パ・ホテル観光大臣によると、ヤンゴンだけであと五軒のホテルが建設中だという。

ミャンマー最高級のストランド・ホテルも健在だ。一九九三年に外装・内装ともに全面的に改装されたが、イギリス統治時代の雰囲気はそのまま残し、より近代的で豪華絢爛たるホテルに生まれ変わった。ホテルの周囲には河川港があり、政府の建物や大使館が並び、一九〇一年の開業当時には最も賑わいを見せた地域である。通りの名前にこのホテルの名前が付けられているのは、いかにこのホテルがヤンゴン（当時はラングーン）の顔であったかが、分かろうというものだ。

また、ここは文豪サマセット・モームが常宿にしていたホテルとしても有名である。モームは世界中どこを旅しても、できる限り贅沢なホテルに泊まり、優雅な雰囲気の中で日光浴を楽しんだという。だからこそ、シンガポールではラッフルズを選び、バンコクではオリエンタル、フィジーではグランド・パシフィック、そしてこのヤンゴンではストランドを選んだのである。

吹き抜けのロビーには、ミャンマー語でパドラと呼ばれる木琴の澄んだ音が流れていた。広い客室に高い天井。ゆっくりと回る黒い大型扇風機がクリーム色の壁に映える。一階にあるカフェでアフタヌーンティーを味わうのもこのホテルならでは。

パゴダで風に吹かれながら南国の夢を見て、夜は贅沢なホテルで優雅に時を過ごす。熱帯の誘惑にどっぷりとはまりそうである。

（「サライ」一九九七年三月二十日号）

トルコ

Republic of Turkey

イスタンブール――伝統とモダンが交錯する都

モダンな都市イスタンブールの魅力

真紅の路面電車が、人をかきわけるようにゆっくりと進んでいく。ボスポラス海峡から吹いてくる風が街路樹を揺らすと、軌道を横切る木漏れ日が生き物のように左右に動いた。空を見上げると建物群に切り取られた四角い青空が広がっている。こういう空の青さをトルコブルーというのだろうか。

クラシックな建物の間に、モダンなビルが立ち並ぶイスティクラル通り。イスタンブール新市街の中心地であるタクシム広場から伸びた大通りで、古くからの繁華街として知られている。通りには、トルコ・ブランドのワッコや、各種ブティック、レストランなどが連なり、イスタンブールっ子に人気のエリアなのだ。

豪華なブティックの前を、シミット（リング状のパン）売りの若者が通って行く。路地に入ると、大衆レストランや居酒屋、魚屋、果物屋、屋台が軒を並べている。いわば新宿の喧騒と銀座のちょっとすました雰囲気を併せ持つエリアなのだ。

歩いている人の顔もトルコ系、ギリシア系、アラブ系、アルメニア系とバラエティに富んでいる。金髪の女性もいれば、青い目のトルコ人もいる。人種のモザイク。あらためてイスタンブールは文化の交差点だと感心する。

古くて新しい顔を持つイスタンブールのエリアは、このイスティクラル通り以外にもいくつかある。タクシム広場から軍事博物館を過ぎ、さらに北に向かうとニシャンタシに到着する。ここはまるで「リトル・ミラノ」だ。

パリの瀟洒な建物を思わせる通りには、ルイ・ヴィトン、ヴェルサーチ、グッチ、マックスマーラなどのブティックが店を構えている。

また、第一ボスポラス大橋そばに広がるオルタキョイも人気のスポットだ。ボスポラス海峡に面した広場にベンチが並び、細い石畳には小粋なレストランやパブ、カフェ、アクセサリー・ショップなどが密集している。地元の若者に人気があり、原宿の竹下通りによく似た雰囲気だ。

一方、アジア側のバクダッド通りにも、おしゃれなカフェやブティックが並んでいる。トルコではナイトクラブは夜の十二時頃までがディナータイムで、その後、朝の三時、四時まで話し込んだり踊ったりするのだ。トルコ人は「夜遊び上手」な国民なのである。

イスタンブールの街を歩くと、建築物、都市計画、そしてデザイン感覚など想像していた以上にセンスがいいと感じた。伝統に裏づけされたモダン。シンプルなデザインのものがあふれている。ブランド品の価格も本国とほぼ同じ。これからのブランド探しのデスティネーションとして浮上するのは時間の問題だろう。

生き続ける歴史の残影と奥深い文化の香り

「バザールでござーる」と僕の顔を見ながら、店員が日本語で言った。五千軒以上の店がひしめき合う中東最大のグランド・バザール。続いて、背後から「さらばじゃ！　私は紳士です」の声が聞こえてきた。笑いをこらえながら、迷路のようなバザールを歩き回った。日本人観光客が増えている証拠だろう。あちこちで日本語を聞いた。

学生時代にヨーロッパをヒッチハイクして、このイスタンブールに到着した時、僕はアジアの喧騒をここに見つけた。日本が近づいたな、と感激し、この町から陸路でインドに向かったのである。ところが二度目にアジア経由でこの古都に足を踏み入れた時は、ヨーロッパに入ったという印象を強く持った。看板の文字がアルファベットになったからである。

アフガニスタンやイランで、ミミズが這いずり回ったような文字に見慣れてきた僕にとっては、英語のようなアルファベットは新鮮に思えた。

もうひとつ、女性のファッションが他のイスラム圏と違って実に開放的でおしゃれだったこと。これにも感動した。

トルコ民族の起源は今から二千年以上も昔に遡り、中央アジアにいた遊牧騎馬民族である。中国では突厥《とっけつ》と呼ばれ、この行動性に富んだ騎馬民族は支配下に収めた他民族とどんどん通婚し、アジアの中央部を西へ西へと進み、その勢力範囲を広めていった。

こうした歴史の過程でいろいろな民族の血が混じりあったのだ。現在のトルコ人の風貌は金髪碧眼の白人型から、黒髪で褐色の肌のアジア型までバラエティに富んでいるのはそういう理由による。

トルコの歴史を眺めてみると、戦争を通じて敵になったり味方になったりし、異民族との文化を交流・通婚しながら文化を育んできた。またヨーロッパとの関わりから建物などはヨーロッパ的である。あのオリエント急行の終着点がイスタンブールだったということも、ヨーロッパとの強い絆を感じる。

イスタンブールは三二四年にコンスタンティヌス大帝がこの地に遷都して以来、ビザンチン帝国、オスマン帝国を経て、一九二三年のトルコ建国までずっと首都の地位にあった。実に千六百年にわたる長い間、首都であり続けたのである。

聖性と俗性。喧騒と静寂。伝統と近代。文明の十字路に栄えた世界の都の魅力は、不思議な複合にあるといえよう。アジアでもありヨーロッパでもあり、そしてイスラム圏でもある。いろんなものがごちゃ混ぜでありながら、そこにはひとつの文化的統一性を見ることができる。また世界に稀にみる親日国である。奥深く、濃い文化は旅人の心をとらえて離さない。

イスタンブール沖合いに浮かぶリゾート、プリンス諸島

イスタンブールの桟橋を出港したフェリーは、右手にトプカピ宮殿、アヤソフィア、ブルーモスクの壮麗な姿を眺めながら進んでいく。カモメが悠然と青空に舞っている。

マルマラ海を南へ二十キロ、約一時間の航海でプリンス諸島が視界に入ってきた。この諸島は、クナル島、ヘイベリ島、ブルガズ島、ビュユック島の四つで形成され、そのひとつヘイベリ島に到着した。

トルコ人は単にアダラル（諸島）と簡略していうが、プリンス諸島と呼ばれるのは、ビザンチン時代に皇位継承権を持たない皇子や皇女が謀反を起こさないようにこの島に流され、幽閉されたからだ。また、ビザンチン時代に数多くの修道院が建造されたのでかつては「司祭の島」とも呼ばれていたという。

現在では夏の間、イスタンブールの裕福な人たちが避暑に来るリゾート・アイランドとなった。涼しい海風、美しいビーチ、十九世紀の優雅な建物が点在する素朴な島。ビーチで泳いだり松林の中を馬車で巡るなど、喧騒のイスタンブールでは体験できない楽しみが待っている。イスタンブールから簡単に日帰り旅行ができる人気のデスティネーションだ。

（「トラベル&ライフ」二〇〇五年一月号）

オマーン

Sultanate of Oman

アラビア半島オマーン

砂漠と海にはさまれた南アラビア、そこはウミガメの生息地でもある

オマーンの首都マスカットはＳＦ的雰囲気が漂う町である。

薄茶色の砂漠のなかにハイウェイが走り、近代的な白亜のビルや漆喰塗りの白い家々が整然と並んでいる。それら建物の中でひときわ目立つのがモスク（回教寺院）だ。アラビアの強い太陽光線を浴びて輝く大きな尖塔は、宇宙基地のロケット発射台のように見えた。もし月に都市を建設するとなると、こんな感じになるのだろうか。道沿いにはヤシの木が植えられ風に揺れている。ロータリーには緑の芝生が輝き、まるで太陽が緑の絵の具を溶かしているかのように鮮やかだ。世界の都市を歩くとその町が持つ独特の色合いを感じるが、マスカットの場合、白、青、緑、茶色が強烈だ。行き交う人もフレンドリーで、鋭い祝線も感じられないし、町全体が清潔感にあふれていた。第一印象はきわめて良好。この国が好きになりそうな予感がした。

マスカットという地名はアラビア語の「落ちるところ」という単語に由来している。オマーン湾に、かぶさるように岩山が迫り出していることからこの名が付けられたという。アラム宮殿やスーク（市場）のある旧市街と、近代的な建物が建ち並ぶ新市街とのコントラストがこの町の魅力。想像以上に緑が多く、澄み切った青空に映えて眩しいほどだ。

オマーン到着の翌日、マスカットの南東二百キロのところに位置する港町スールへと向かった。スールは、アラビア半島からインド洋、東南アジアへと続く「海のシルクロード」の出発地点でもあり、また終着地点でもあった。オマーンというと「砂漠の国」というイメージが強いが、古くから海洋国家として知られて、その中心的な存在がこのスールだった。『アラビアン・ナイト』の中に登場するシンドバッドはこのスールの港から船出したと信じられている。私たちは、この港町を起点にしてアオウミガメが生息するラス・アル・ハッド保護区の海岸線を巡る計画だ。

映画『猿の惑星』の砂漠シーンのような、荒涼とした風景が連綿と続く

岩山をぬうようにして造られた砂漠のハイウェイをスールに向かって飛ばす。時速百五十キロのドライブは心地よい。前を走る石油満載のタンクローリーを追い越していく。灼熱の砂漠には赤い岩山が島

のように点在し、遠くの方は靄に包まれ、中国の桂林を描いた水墨画のようだ。こんな風景をどこかで見たことがあるなあ、と記憶の糸をたぐっていったら、突然、私の脳裏に浮かんだのは映画『猿の惑星』の砂漠シーン。なるほど、この映画のロケはオマーンで行われたという、映画ファンの噂を信じたくなったほどだ。

この青空は何という深さだろう。重い空の青が車を、人々を押しつぶしそうに見える。民族服を着た若者が運転するバイクを追い越した。その服はデシュダーシといい、ワイシャツの裾を長くしたようなもの。モサルというターバンの端を風になびかせた様は、まるで《月よりの使者》月光仮面の姿であった（ちょいと古い?）。

どのくらい暑いのかな、と車の窓を開けてみると勢いよく熱風が飛び込んできた。「多分、五〇℃ぐらいはあるでしょう」とドライバー氏。「マスカットに勤務したイギリスの駐在官が、あまりの暑さのために今までに四人も亡くなっているんですよ」。私はあわてて窓を閉めた。

車は今まで走ってきた十七号線から海に向かって進路を変え、オマーン湾に沿って走る。ここからスールまではあと百キロ。アップダウンの多いかなりラフな道だ。途中の小さな村で休息。迷路のような細い路地をはさんで、白く塗られた四角い家が続いている。この迷路に入ると、時間が『アラビアン・ナイト』の時代で止まっているかのように思えた。

マスカットから約三時間半のドライブでスールに到着。吸い込まれそうな真っ青な空の下に、マッチ箱のような白い建物が並び、その周囲には薄茶色の砂礫の砂漠が広がっていた。私の温度計は四六・五

℃を示していた。

スールの海岸には海を眺めるラクダがいた

スールの風景はアラビア半島のどこにでもあるような平凡なものなのだが、「シンドバッドが船出した港」と聞かされると、この町が急に身近に思えてきた。スールはオマーンが海洋国家として栄える(八～十五世紀)以前から船乗りの町、船大工の町として有名だった。現在でも、シンドバッドの心意気と船造りの伝統航海術は受け継がれている。

その船はダウ船と呼ばれ、大きな三角帆を張った木造船。今から千年以上も前からオマーンをはじめアラビアの船乗りたちは、アフリカとを結ぶ一大貿易ネットワークを作り上げた(これは後述するアオウミガメの活動範囲と重なる)。彼らはインド洋に吹く季節風を知っていたからだ。四月から九月にかけて風はインド方向に向かって吹き、十月から三月にかけては逆の風が吹く。この風をうまく利用した航海術で、古くはメソポタミア文明とインダス文明の交流があったし、十世紀には中国の広東まで航海した記録が残っている。商品としてアラビアからは、ガラス製品、乳香《にゅうこう》、ディエッツ(ナツメヤシ)などを運び、アジアからは香料、陶磁器、絹、材木などが運び込まれた。物が動くと人も動く。そしてお互いの文化にも影響を与える。東南アジアの国々やアフリカの東海岸にイスラム信者が多いのは、アラビアの船乗りたちが「宣教師」の役目も兼ねていたからだろう。

現在オマーンは世界有数の石油輸出国だが、当時の輸出第一品目はこの乳香であった。乳香はアラビア半島の南部にしか生育しないカンラン科の樹木から採れる樹液の小さな塊である。色といい形といい氷砂糖そっくり。それらを香炉にのせて燃やすと神秘的な香りに包まれる。乳香は儀礼用に珍重され、当時金と等価で取り引きされるほど高価なものだったという。しかし、現在、市場で十センチ四方のビニール袋の値段が一オマーン・リアル（約三三〇円）だった。

スールに着いた翌朝、海岸を散歩していると、一頭の大きなラクダと出会った。オマーンでは海辺にラクダがいてもちっとも不思議ではない。砂漠がそのまま延びて海岸の砂と密かに通じ合っているからだ。朝陽を浴びながら、ラクダの大きな目は水平線を行き来するダウ船を凝視していた。かつて何人の船乗りが一攫千金の夢を見て、このように海を見つめたことだろう。

スールのホテルを夜十時に出て、オマーン湾に突き出たラス・アル・ジュナイスのビーチ（ラス・アル・ハッド保護区）へと向かった。この周辺の海岸線はインド洋を回遊するアオウミガメの産卵地として知られている（インド洋海域で確認された三つの生息地のひとつ）。スールの町から海岸に沿ったラフ・ロードを走ること一時間半、「アオウミガメ保護区」へと到着した。入口には遮断機があり、政府のスタッフが見学に来る人たちをチェックしている。ここで、自然保護局発行の見学許可書の提示を求められた。アオウミガメやアラビア・レオパード（ヒョウの一種）などの見学には自然保護局の許可書が必要なのだ。海岸にはカメの保護区を示す大きな青い看板が立てられ、その横には見学の注意事項がアラビア語と英語で書かれていた。

オマーン政府は十五年前から環境保護の政策を打ち出し、六つの動物保護区を指定した。ウミガメに関しては七年前から「タートル・プロジェクト」を発足し、このラス・アル・ジュナイス周辺のビーチがその保護区のひとつに選ばれた。取材を前に「タートル・プロジェクト」の責任者であるアリ・アル・キユミ氏を訪ね、話を聞いた。「オマーンの海には五種類のカメがいます。アオウミガメをはじめ、アカウミガメ、タイマイなどが海岸で産卵しますが、一番多いのはアオウミガメ。ラス・アル・ハッド保護区では五月からの産卵シーズンになると、毎晩わずか一キロのビーチに百〜二百匹ものアオウミガメが上陸し、穴を掘ります。そりゃあ、壮観ですよ」

日本のアオウミガメの産卵地としては、鹿児島県の屋久島や小笠原諸島が有名だ。最近の研究では、ウミガメは一シーズンに一〜五回産卵することが明らかになっている。が、ウミガメが産卵上陸するごとに交尾をするのか、あるいは一シーズンにたった一回の交尾でオスから精子を受け取り、産卵ごとに受精するのかはまだ解明されていない。キユミ氏から興味ある話を聞いた。

「ウミガメの卵は孵化の温度によって性決定がなされるのです。二九℃より低いとオスが生まれ、高いとメスばかりになるんです。この性決定は、卵が生み出されてから孵化するまでのある一定の期間の温度が重要なようですよ」

卵を生んだ場所、季節、地中の温度、日照時間などによって生まれてくる子ガメたちの性が決定され、それがうまい具合にバランスが取れている。自然の摂理に改めて敬意を表したい気分になった。

モルジブ諸島まで長い航海をするカメもいる

キャンプ場のような保護区に車を止め、保護局のスタッフと海岸に向かった。今夜、産卵する瞬間に立ち会えるのか。上弦の月が私たちの後を追いかけてくる。スタッフから「こちらがオッケーというまで、勝手に懐中電灯やストロボは使わないように」と注意があった。真っ暗な道をビーチに向かう。海に近づき、保護官が砂浜を照らすと、直径二メートルほどの大きな穴がいくつも視界に入ってきた。それこそ足の踏み場もないほど。保護官によれば「今夜は百五十匹ぐらいは上陸しているだろう」とのこと。多くの穴にアオウミガメが潜み、産卵の真っ最中であった。「フガァ」という大きな溜め息が潮騒に混じって聞こえてくる。近くの穴に寄ってみた。カメは目から大粒の涙を流している。生むのが苦しくて涙を流しているのではと質問してみると「海中に棲んでいるウミガメが余分な塩分を排出しているんですよ。目の横にある塩類腺というところから高濃度の塩水を粘液として出しています。これは目を保護する効果もあります」との答えが返ってきた。そのカメの甲羅の長さは一〇八センチもあり、保護官がインコネルと呼ばれる標識を前足に付けた。どこの国まで泳いでいくのだろうか。

ウミガメは一晩に平均で百個の卵を生み、それらは五十五日後に孵化する。保護官の足元の穴を見ていると、砂が少し持ち上がり始めた。「子ガメが出てくるよ」と言うや否や、小さな生物がもがきながら小さな顔を地上に出した。朝陽に輝く海を目指して一生懸命に進む。それはぜんまい仕掛けで動くブリキのおもちゃのような感じだ。孵化から地上へ脱出するまでには数日から一週間もかかる、という。しかし、穴の周辺には卵を狙うキツネの足跡が点々と付いていた。カメの卵はキツネの大好物だし、首尾よく孵化しても海に到達する十分の間に鳥の餌食になることも多い。生存競争はどこでも厳しい。この浜で生命を授かった子ガメたちの何匹が、長い航海を終えこの浜に戻ってくるのだろう。

産卵を終えたカメは前足で砂をかけ穴を埋めていくが、その砂はかなり後方まで飛んでいく。私は、マスカットで会ったキユミ氏が語ってくれた言葉を思い出した。

「この海岸で標識を付けたアオウミガメが、インド沖に浮かぶモルジブ諸島まで行っていたのが確認されたことがあります」。遥か三千キロの「グレート・ジャーニー」である。海に帰るカメの這いずった砂浜には、まるで戦車が走り回ったかのような模様が描かれていた。グッド・ラック！

鎖国政策から開国政策へ　オマーンは今、観光立国を目指す

アラブ諸国といえば、「石油」と「砂漠」と「厳格なイスラム教徒」という三つの言葉でくくられるのが常だが、それらはほんの一部でしかない。

アラビア半島の東端に位置するオマーンは、日本の約四分の三の大きさ。日本ではまだ馴染みが薄い国だが、実に魅力に富んだ国のひとつである。

観光資源として、まず大自然があげられるだろう。国土の八〇パーセントを占める砂漠のほか、一七〇〇キロにおよぶ海岸線、内陸地方の山岳地帯とバラエティに富んでいる。砂漠でのラクダツアー、美しい海でのダイビング、最近では荒々しい岩山でのロック・クライミングが人気上昇中だ。続いて歴史的遺産が魅力的なこと。オマーンの権力者が築いた城砦があちこちに点在し、観光客の目を楽しませてくれる。それとイスラム教の戒律が思ったほど厳格でないこと。外国系の一流ホテルにはバーすらある。さらに私の体験から声を大にして言いたいのは、人々が実にいい顔をしていて、しかも親切で優しいということ。四回オマーンを旅したが、今だかつて嫌なオマーン人に会ったことがない。

このような観光に力を入れる国になるまで、オマーンは長い道のりを歩んできた。この国の近代化は一九七〇年。カブース現国王が、父親である前国王を無血クーデターで追放し即位した日から始まった。前国王の下では鎖国政策が推し進められ、西欧化することが「悪」という状況であった。カブース現国

王は、石油から得られる利益を軸に国内近代化と砂漠の緑化を推し進め、鎖国政策から開国政策へと大きな転換を図った。オマーン人の口癖のひとつに「現国王は一九七〇年当時、全国でわずか十キロの舗装道路を六千キロまでに延ばし、三つしかなかった学校を千校にしてくれた」というのがある。現在この国は第三世界、とりわけアラブ諸国の「お手本」ともなるべき存在となっている。

（「地球の歩き方マガジン」一九九八年夏号）

Israel

イスラエル

イスラエル・ミレニアム
永遠なる聖地への旅

三つの宗教が交わる聖地

エルサレム旧市街ほど夕焼けが似合う街はないだろう。

黄金色の粒子がイスラエルの古都をすっぽりと包む頃、至福の時間が始まる。迷路のようにあちこちに枝分かれした細い石畳に描かれる光の絵模様。店の売り子の顔を朱色に染め、建物の壁には光と影がせめぎあい、幾何学模様を描いていた。光の眩しさは濃密な影を際立たせる。それは、この街が経験してきた歴史をも表している。

エルサレムは三千年前、標高八百メートルの山頂に建設され、旧約聖書にも登場する古都である。ゴルゴダの丘、シオンの丘、オリーブの丘という地名からも分かるように、山の峰が入り組み、変化に富んだ景観の街だ。

　現在のエルサレムは、実際には二つの都市から成っている。一つは新市街で、一九四八年の建国以降に造られたエリア。もう一つは城壁に固まれた旧市街である。ダイヤモンドの形をした旧市街には八つの門があり、四つの居住区に分けられ、ユダヤ教徒、イスラム教徒、キリスト教徒、そしてアルメニア人が住み分けている。有名な嘆きの壁は、もちろんユダヤ人居住区にあり、離散の憂き目にあったユダヤ人の聖地である。その壁の向こう側にはイスラム教徒にとっての聖地である岩のドームが光っていた。キリストの受難の道であるヴィア・ドロローサ（悲しみの道）はゴルゴダの丘に続いている。

　かつてダビデがエルサレムに都を築き、ソロモンが栄華を極めた。イエスが十字架に架けられ、マホメットが昇天したという伝承もある。またエルサレムは過去に十七回も破壊されたが、その度に新たな決意と希望を託し、街は再建されてきた。「永遠の都」の景色は重い。街を歩くと、建物の間から、遺跡の石積み

の隙間から神について語りかけてくるような気がした。

旧市街は迷路のように入り組んでいる。嘆きの壁から北の方にジグザグと歩いて行くと、外国人観光客とおぼしき集団に出くわした。木製の大きな十字架を抱えた人を先頭に、聖歌を歌いながら細い石畳の道をゆっくりと進んでいる。

そこが「ヴィア・ドロローサ」だった。イエスが十字架を背負い孤独の悲しみと苦しみを味わった悲しみの道。ローマ総督ピラトの官邸から処刑されたゴルゴダの丘まで約一キロの道のりだ。この石畳ほど深い陰影に縁どられた道をほかに見つけるのは困難だろう。細い道はほとんどがイスラム地区を通っていて、その両側にはイエスの人形や十字架のアクセサリーを並べたみやげ物店が並んでいて、いつも観光客で賑わっている。

この十字架行進は毎週金曜日の午後に行われているが、イエスの十字架の道をたどって歩く伝統は四～七世紀のビザンチン時代に始まったという。現在のルートが決められたのは、十九世紀に入ってから で新約聖書や伝承に基づいて、ルート上に十四のステーション（祈禱所）が設けられている。

ステーションは、イエスが死刑の宣告を受けたアントニオ要塞のあった場所で、現在のエル・オマリーエ小学校の校庭である。途中、イエスが十字架の重みに倒れたところ、イエスが母マリアと対面したところなどが点在し、最後のステーションは処刑された「髑髏《しゃれこうべ》」の意味を持つゴルゴダの丘だ。

イエスが十字架にはりつけにされイエス復活の地とされるゴルゴダの丘の岩の上には、聖墳墓教会が建てられ、岩の一つに開けられた穴が十字架の跡だと信じられている。今年三月末、イエスの生誕二千年を記念し、三十六年ぶりにイスラエルを訪問したローマ法王はゴルゴダの丘でミサを主宰した。

この教会が不思議なのは、ギリシャ正教会、ローマ・カトリック、アルメニア教会、コプト教会、エチオピア教会、シリア教会が管理する複合教会ということ。千二百年の所有権争いをして現在の共同管理となった。まさに全世界に分裂したキリスト教の縮図。信仰が引きずりがちな人間のエゴイズムが垣間見られるような気がした。

市場は街の台所

旧市街の北側に位置するダマスカス門。門を出て左に歩くと、交通量の多いヤッフォ通りにぶつかる。この辺りから新市街が広がっていて、ヤッフォ通りと、この通りに交差するキング・ジョージ五世通り、そしてベン・イェフダ通りに囲まれたエリアが、最も活気があるところだ。美しい街路樹が植えられた広い通りや、緑の芝生におおわれた公園。道路も建物もイスラエル・ストーンと呼ばれる石灰岩で造られ、その薄いベージュ色が美しい。通りを歩くOLのファッショナブルな服装、おしゃれな貴金属店、高級ブティック、カフェテリア、パブ、各国のいろいろなレストラン……まるでヨーロッパの都市のような雰囲気で、一瞬エルサレムにいることを忘れたぐらいである。

このヤッフォ通りを北西に進むと、新市街最大のマハネ・イェフダ市場があった。ヤッフォ通りとアグリッパス通りを結ぶ細い道には二百近い店が軒を並べ、野菜、果物、肉、魚、菓子、香辛料、日用雑貨、衣類などあらゆるものが揃っている。この市場には、各階層の人が買い物をしに来るので、ここで撮影しているだけで、生のイスラエルに出合えたような気がした。

それは、現在もイスラエルが戦時下態勢に入っているということも意味する。印象づけられたのは、通りの角々に銃を持って立っている兵士たちだった。厳しい目で道行く人をチェックしている。そういえば、ガリラヤ湖や死海周辺で出会った何組もの小学生のグループにも、銃を持った大人が必ず一人は同行していた。ガイドに聞くと、以前小学生のグループがテロに遭い殺された事件があり、それ以来法律で銃を持った大人が同行することが義務づけられている、ということだった。

ヘブライ語で「こんにちは」「さようなら」「はじめまして」という挨拶は「シャローム」というが、本来は「平和」を表す言葉だ。シャロームの意味するものは重く深い。イスラエル三千年の歴史は、戦いの歴史であったといっても過言ではなく、イスラエル人の長い歴史の知恵に違いない。だからこそ、今日も、そして明日も平和であるようにと願って、シャロームと挨拶するのであろう。

海抜マイナス四百メートルの快楽

四国ほどの面積のイスラエルのほぼ中央に、縦に長く広がっているのが死海である。死海とは、なんとおぞましい名前だろう。名前からすると、暗くよどんだ湖をイメージしがちだが、実際の死海は陽光燦々の美しい湖で、想像していたよりははるかに大きかった。海抜マイナス四百メートルにある、世界で最も低い位置に広がる湖。ヨルダン川が流れ込む出口のない湖なのだが、蒸発量が一定しているので、水位は安定しているという。東のヨルダン側はぼんやりとかすみ、海の広がりを感じさせた。湖に沿った岩山の上にはユダの砂漠が広がっている。

死海を死海たらしめているのは、その塩分濃度の高さだ。強力な太陽光線による水の蒸発により、湖の塩分が濃くなった。塩分は大海の十倍、塩分濃度が三十パーセントもあるために、魚が棲むことができない。

そのかわり塩分濃度が高い分、浮力の強さはびっくりするほど。湖面が自分の体を支えてくれているという感覚だ。浮きながら新聞を読めるし、アクロバティックな体勢をとるのも実に簡単だ。

イスラエル旅行の醍醐味には静と動がある。静はエルサレムを中心とした聖書を巡る旅、動といえば死海での楽しい浮遊体験である。

イエスが奇跡を行った地

ガリラヤ湖に来るとイスラエルのイメージが大きく変わることだろう。ユーカリの林が続く。緑が広がる。ブーゲンビリアの赤が目に痛い。小鳥の鳴き声が聞こえる。

ガリラヤ地方は最も緑が豊富なエリアで、年間降水量も千ミリ以上ある。雨季（十一月～三月）が終わった後は、一面が緑の園となり、シクラメンやシャロンチューリップ、アイリスなどが咲き乱れる。

イスラエルは南アフリカやギリシャに並び、世界の花の三大原産地でもあるのだ。
ガリラヤ湖周辺はイエス・キリストの「山上の垂訓」など伝道の主舞台として知られ、数々の奇跡を起こした湖である。イエスは三十歳前後の二～三年をガリラヤ湖で過ごし、湖畔のカペナウムを拠点に宣教活動を始めた。当時、ガリラヤはエルサレムからは異端視されていた地域で、「異邦人のガリラヤ」と呼ばれていた。ガリラヤ人の気質は気性が激しく戦闘的である、といわれている。イエスはガリラヤ湖の自然の気配、そしてガリラヤ人気質が気に入ったのだろう。その証拠に有名なイエスの弟子の十二人中、イエスを裏切ったユダ以外は、すべてガリラヤの出身であることがあげられよう。目の前に聖書の世界が広がっている。そう思うだけで幸せになった。

（「YES」二〇〇〇年七月号）

アルメニア

Republic of Armenia

家族の暮らし

エンジニアから農家に転身　聖地の近くで畑を耕す日々

聖地エチミアジンは、アルメニアの首都エレヴァンの西方約二〇キロに位置している。ここは、アルメニア正教発祥の地であり、総本山のエチミアジン大聖堂があるところだ。

アグバン・アンドレアイソンさん（四十九歳）の住まいは、その聖地から東に七キロのアラタシャン村にある。人口約千人。村に入ると干し草の匂いが鼻をくすぐった。アグバンさんの家の周りには、ブドウ、アンズ、モモ、クルミ、ナスなどが植えられている。畑の上を渡ってくる風が心地よい。アグバンさんの現在の職業は農業。もともとは金属加工のエンジニアだった。エレヴァンの工業大学を卒業し、その後エチミアジンの機械会社で二十年間働いた。

「四年前に会社を辞めました。農業をやりたかったからです。当時の月給は一五万ドラム（約四万円）でした」

アルメニア人通訳のダイアナさんによれば「アルメニアではかなりの高給取り」ということだが、笑顔のアグバンさんは「今は大地から給料をもらっています」と屈託がない。裏庭からニワトリの元気な鳴き声が聞こえてきた。ニワトリを六六羽、七面鳥を三羽飼っているそうだ。

娘二人は観光ビジネスを勉強中

アグバンさん一家は、妻のソニックさん（四十八歳）と一男二女。二人は高校時代のクラスメートで、アグバンさんが大学生の二十五歳のときに結婚。アルメニアでは、学生結婚はきわめて一般的なことらしい。ソニックさんは、現在も村の中学校で歴史とアルメニア語を教えている。

長男のアルメンさん（二十四歳）は、軍隊を経て現在は父親の農業を手伝い、長女のアニさん（二十二歳）と二女のアルミネさん（二十歳）は共に、国立エレヴァン大学付属の専門学校で観光ビジネスを専攻している。

奥さんに家族の夢を聞いてみると、

「子どもたちが、いい伴侶《はんりょ》を見つけて幸せになること。これ以外にないわね。できればお金持ちと結婚できたらいいいけど」

と笑いながら答えてくれた。

アグバンさんは一九九二年、現在持っている土地を買った。購入二年後から独力で家を建て始める。

「夫婦の寝室と子どもたちの部屋はできあがったのだけど、あと二部屋を建築中。今年中には完成させたいね」

もともと手先が器用なアグバンさん。

「パパは、時間があれば機械の修理や大工仕事をしている」とアニさんは笑う。

「村の人は、機械が故障するとまっさきにパパのところに持ってくるの」

一家の日課は、日没前に家族そろっての散歩。すぐ近くには牧場が広がっていて、そこには五千年前の古代遺跡があり、金の装身具が出土した、とアルミネさんが教えてくれた。家族で歩き回りながら今日一日の出来事をみんなで話す。父親に対する娘二人の視線が優しい。

目の前のアララト山（標高五一六五メートル）は雲間に隠れ、稜線《りょうせん》だけが薄く浮き上がって見えた。

「アララト山はエレヴァンからわずか四〇キロ。しかし、不幸なことに現在はトルコに属し、私たちは眺めるだけで決して登ることはできない。でも、アララト山はアルメニア人にとって、魂の故郷《ふるさと》であることにはかわりありません。全世界に散らばったアルメニア人にとっても」

とアグバンさんは強い口調で言った。

散歩が終わり家に向かっているころ、雲が途切れてナス畑の向こうにアララト山が一瞬、その雄大な姿を見せた。

三百万円のマンション購入！　五人の息子に囲まれて

サイード・アブドさん（四十八歳）のマンションは、アレクサンドリア市西方の高級住宅地スモーハ地区にあった。サイードさんと妻のアミーラさん（三十五歳）、五人の息子たち、そしてアミーラさんの弟を含め、八人のにぎやかな出迎え。

サイードさんは笑って、「女の子が欲しくて、次は女の子だろうと……結局男の子ばかりになってしまった」

間取りは3LDKで、家賃は八〇〇エジプトポンド（約一万六千円）。近々、一五万七千エジプトポンド（約三一四万円）で買ったマンションに引っ越す予定だ。

サイードさんは、高校で歴史の教師を二十五年間していた。国立アレクサンドリア大学の歴史学部出身で、専攻はエジプト近代史。現在は、専門学校の団体組織の理事長だ。月給は六千エジプトポンド（約一二万円）。歴史の先生らしく熱弁《ねつべん》をふるう。

「アレクサンドリアは、アレクサンドロス大王によって造られた町です。その後プトレマイオス朝のもとで、エジプト文化とギリシャ文化との融合が進みました。悠久《ゆうきゅう》の歴史を振り返ると、エジプト人に生まれたことに誇りをもてます」

毎朝七時に家を出て、午後三時頃に帰宅する生活を送っているが、自宅で大学受験を控えた高校生に歴史を教えている。

向学心旺盛な息子たち

アブド夫妻の出会いはサイードさん三十歳、アミーラさん十七歳のときだった。

「高校生のときに、彼に家庭教師をしてもらっていました。大学受験が近づいた頃、彼が突然『受験にパスしたら、いい男性を紹介するよ』と言ったんです」

とアミーラさん。これはサイードさんのプロポーズだった。《いい男》とは自分のことだったのだ。

「もうびっくり。でも彼は大人で落ち着いていたし、私を大事にしてくれていましたし……早く結婚しようと言うので大学受験をあきらめ、結婚しました」

当時、女性が十七歳で結婚するのは決して早くはなかった。

現在夫妻には、十六歳を筆頭に十カ月の乳飲み子まで五人の息子がいる。

長男のカリーム（十六歳）は高校二年生。アレクサンドリア大学で、アラビア語を専攻したいと言う。

「コーランをもっと深く知りたいから。卒業後は先生になりたい」と語る。サイードさんが横から口をはさんだ。

「カリームは、本当は警察官になりたかった。でも、エジプトの警察官は外国人と結婚できないし、外国へ行くこともできない。ほかに大学で勉強することがあるだろうと、私たちはカリームと一生懸命話し合い、彼は教師を目指すことに決めました」

次男のアミール（十五歳）は高校一年生。アレクサンドリア大学で観光ビジネスを専攻するのが夢。

「英語は勉強しているし、そろそろフランス語も始めるよ」

と言う。

息子たちに父親について聞いてみると「怒ると怖いよ。でもすごく頼りがいがあるね。家での決定権はすべてパパが握っている」と口をそろえる。近年、日本では消滅してしまった「父権」を感じた。

二〇〇二年、アブド夫妻は結婚十五周年を迎え、大きなパーティーを催した。

「私の夢は家族全員の夢と同じ。子どもたちは全員大学に進んでほしい。みんな幸せになること。それに尽きますね」

とアミーラさん。そばで、サイードさんも大きくうなずいた。


（「週刊朝日百科」二〇〇六年三月十二日号）

アイルランド

Republic of Ireland

ウォーターフォード

ケルトの国へ

ヨーロッパの西の果てにあるアイルランド。ヨーロッパのなかで異質の道を歩み、独自の文化を培ってきたケルト民族の国である。このケルトの宗教観（アニミズムや太陽崇拝）、妖精物語、あるいは装飾などが最近、我が国のみならず世界的に注目され始めている。合理性を超えたものへの憧れや自然崇拝といった文化が、この再評価につながるのだろう。

頑固だが素朴な国民性、「注意！　妖精が横断します」という道路標識をつくりだす心優しき国民たち。そんな素敵な国民たちが作る世界最高のクリスタルってどんなものだろう。その工場を見学したくて、首都ダブリンの南一六〇キロに位置するウォーターフォードへと向かった。この町の人口は五万人たらず。しかしその名はウォーターフォード・クリスタルの生産地として世界にとどろいている。ウォーターフォード・クリスタルという名前は単なる企業名というより、アイルランド人にとっては民族の誇りともいうべき深い意味を持っているようだ。彼らがその名前を口にするときは、我が子を自慢するように胸を張る。

ウォーターフォード・クリスタル社の創業は一七八三年。ジョージ&ウィリアム・ペンローズという兄弟がイギリスから優秀な技術者を招聘《しょうへい》し独自のカットと美しい輝きをもつクリスタルをこの地で製造し始めた。ずっしりとした重厚感、V字型のカットから発するダイヤモンドのような輝き、深く彫刻された幾何学模様がこのクリスタルの特徴だ。現在でも二百年前の手法がそのまま受け継がれている。

なんでもないガラスの塊が、吹き職人、カット職人、彫刻職人などの優れたクラフトマンの技によって見事に変身していく。彼らの表情が実にいいのも大きな魅力のひとつだ。仕事中でもこちらの質問に気軽に対応してくれるのがうれしい。何人ものクラフトマンの手を経て、展示室に並べられた名品。手に取ってみるとずっしりとした存在感があった。ダイヤモンドカットの力強さも素晴らしい。伝統の重みも感じながらワイングラスをギュッと握ってみると、アイルランド人の頑固さが伝わってくるようであった。

ウォーターフォード・クリスタルがアイルランドを代表する「製品」ならば、パブはアイルランドが誇る「文化」であろう。どんな田舎にいっても教会と二〜三軒のパブは必ずある。パブ巡りはアイルランド旅行で最大の楽しみである、と断言したい。ダブリンには「パブ・クロール」といって、有名な作家が通ったパブ、あるいは文学作品に登場する店を舞台俳優に引率されて夕方から「はしご」するツアーもある。俳優たちは店のいわれを説明しながらところどころで詩を朗読してくれたり芝居を演じてくれたりする。実際に飲みながら有名パブを回るわけだから、終わり頃には全員できあがってしまい、千鳥足、という変なツアーだ。

パブというとすぐにイギリスが頭に浮かぶが、アイルランドにパブが登場したのは一六八八年、イギリスの場合はそれよりも百年後のことらしい。パブとはパブリック・ハウスの略で、「公共の家」つまりその語源は「宿屋を兼ねた集会場」だった。だから地域コミュニティの中心広場であり、かつてはパブが法廷にも使われたという。アイルランドを舞台にした映画『静かなる男』『ライアンの娘』や、最近では『クライング・ゲーム』などにもパブが重要な場所として描かれている。国民の九五パーセントが敬虔なカトリック教徒といわれるアイルランドで教会以上に彼らがよく通う場所がパブなのである。イギリスのパブよりもっと生活のなかに入り込んでいるという印象を強くもった。

夕方四時を過ぎたあたりからパブは混み始める。ギネスのグラス、あるいはジェイムソンなどのアイリッシュ・ウイスキーを傾けながら、客同士、あるいはバーマン（バーテンダー）とのウイットに富んだ会話のやりとりが始まる。政治、経済、文学、美術、スポーツ、映画、噂話からしばしば脱線し荒唐無稽な世界へとワープしていき、ケルトの渦巻き模様のような話の渦があちこちで発生していく。それはひとつの「ケルト神話の現代版」といってもよく、かつては文字を持たなかったケルト族の口述の伝承が現在まで息づいている証だろう。このざわめきのなかに、スウィフトの諧謔《かいぎゃく》、ワイルドの辛辣《しんらつ》、べケットの虚無、ジョイスの自己増殖する文体が聞こえてくるかもしれない。人口の割に、イェーツやベケットなどたくさんのノーベル文学賞受賞者を送り出した背景には、パブのこのようなおしゃべりの伝統があったからだろう。

首都ダブリンで「マリガンズ」というパブに行った。二百十五年の歴史があるこの古いパブはダブリンの近代史そのものと言っても過言ではない。木造の入口を開けると薄暗い店内の左右に大きなカウンターがあり、窓から差し込む光が店内に明確な影との境界線をつくっている。頑固そうなバーマンが笑顔で迎えてくれた。「ジョイスは奥の客室でよく飲んでいたよ」とバーマン。

カウンターで、ギネスを三杯飲み外に出てみると、空は晴れているのに絹糸のような小雨が降っていた。僕は丸山薫の詩を思いだした。高校時代に読んだ小田実の本で出会い、いっぺんにアイルランドが好きになった詩だ。

汽車に乗って
あいるらんどのやうな田舎へ行かう
ひとびとが祭の日傘をくるくるまはし
日が照りながら雨のふる
あいるらんどのやうな田舎へ行かう

（「サライ」一九九七年一月二十三日号）

アメリカ

United States of America

音楽三都物語——メンフィス・ナッシュビル・ブランソン

メンフィス

ブルース発祥の地といわれるビール・ストリート。夜になると、通りの両側には「BB・キング・ブルース・クラブ」をはじめ、「ラム・ブギー・カフェ」などのライブハウスのネオンサインが煌めき、通りを浮き出させている。

競い合うように通りに流れるブルースのサウンドに誘われ、一軒の店に入ってみた。薄暗い舞台の天井から垂れ下がる少々くたびれた星条旗。その前で白いパナマ帽の黒人がブルース・ハーモニカを吹いていた。ミュージシャンが体をくねらすたびに、白い帽子がまるでUFOのように宙を行き来した。

二十世紀初頭の禁酒法時代、ビール・ストリートには密造酒製造者がひしめき合い、地下の賭博場が開帳される危ないエリアだった。

ブルースの原型はミシシッピ川のデルタ地帯で誕生した。このデルタとはミシシッピ川北西部に自然にできた広大な扇状地のことを言い、北端がテネシー州のメンフィスだ。十九世紀後半からこのデルタに綿花のプランテーションが作られた。そこで働く黒人たちは週末になると集まり、ギターやハーモニカで演奏し、日ごろの鬱憤をぶちまけた。労働歌と霊歌、バラードなどが結びついてブルースの誕生へとつながっていく。

ライブハウスでブルースを聴きながら、ぼくは学生時代に愛読したラングストン・ヒューズの「七十五セントのブルース」という詩を思い出していた。「どっかへ走って　ゆく汽車の　七十五セント　ぶんの切符をくだせい」と書いた黒人詩人。デルタで働く多くの黒人労働者が、第二次世界大戦後、重労働に耐えかねてシカゴを含む北部に向かったのだった。この大都市に向かう黒人にとって、汽車は自由へ導いてくれる象徴的な存在だった。

シカゴに移ったブルース演奏は、ギターに電源を付けたバンドスタイルに発展。ブルースを世界に増幅発信した。シカゴはもうひとつのブルース・シティとなったのだ。

しかし、このメンフィスはブルースだけの町ではない。この町でブルース、ゴスペル、カントリー、リズム&ブルースと幾多の音楽が融合した。まるで音楽の坩堝《るつぼ》のように。そしてエルビスへと集約していくのだ。町には、エルビス・プレスリーが最初の曲を録音したサン・スタジオがある。スタジオ内を見学するツアーが企画され、見学者は大はしゃぎでエルビスが録音したマイクの前に立ち、記念撮影を楽しんでいた。

一方その好敵手であったスタックス・スタジオでは、オーティス・レディングなど「メンフィス・ソウル」の名曲が競って生み出された。現在、かつてのスタジオ跡には、スタックス博物館が再現されている。また、有名なギブソンギターのショーケースや、ロックン・ソウル博物館も人気だ。郊外には、メンフィスを一生愛したエルビスの大邸宅グレースランドがある。ぼくがメンフィスを「音楽遺産の町」と言うのは、こういう理由からだ。

メンフィス・グレースランド

ミシシッピ州の小さな町トゥペロ出身の白人少年が、メンフィスにある「サン・レコード」を訪れたのは一九五三年の夏のことだった。心優しきプレスリー少年は高校を卒業して就職したばかり。母親の誕生日にプレゼントする自分のレコードを製作するためだった。

「サン・レコード」のオーナーでありプロデューサーであったサム・フィリップは、黒人の感性でロックを歌える白人ミュージシャンを長年探していた。それから一年後、彼はエルビス・プレスリーの歌唱力に注目した。黒人のブルース感覚と白人のカントリーのフィーリングを合わせ持っていたからだ。しかもルックスも歌い方もセクシーであった。新しくレコーディングした「ザッツ・オールライト」はブルースでもカントリーでもなく、サムに強烈な印象を与えた。

プレスリーの速いテンポでビートの効いた曲は、瞬く間に全米のみならず世界の若者の心をとりこにした。このロカビリーがロックンロールに発展していく。エルビスは数多くの映画にも出演し「キング・オブ・ロックンロール」と呼ばれた。メンフィスは「ロックンロール誕生の地」でもあるのだ。

アメリカでは芸能界で成功すると、ハリウッドやニューヨークに移り住むことが一般的だ。しかしエルビスは、自分のスター人生の出発点となったメンフィスをこよなく愛し、郊外のグレースランドに大邸宅を購入。一九五七年、二十二歳の時だった。四十二歳で亡くなるまでここに住み続けた。

グレースランド・マンション・ツアーはメンフィス観光の定番だ。ジョージア・コロニアル調の建物の正面玄関を入ると、まず目につくのが右側にあるリビングルーム。エルビスの好きな孔雀が描かれた二枚のステンドグラスがあり、その奥にはグランドピアノがある。ここで彼は得意のサザン・ゴスペルを歌っていたという。その反対側はシャンデリアが眩しいダイニングルーム。仲間たちと遅い夕食をとったところだ。

別棟のトロフィ・ビルもツアーのハイライトのひとつで、軍隊時代の制服やジャンプスーツ、タキシード、愛用のギブソンのギター、映画のポスターなどを数多く陳列。敷地内には豪華な自家用ジェット機「リサ・マリー号」を展示、自動車博物館には一九五五年型のピンク色のキャデラックや映画「ブルーハワイ」で使った赤のスポーツカーなどがある。

二階の書斎のデスクに、一冊のペーパーバックが置かれていた。その表紙には「Gods from Outer Space（神々は宇宙からやって来た）」と書かれていた。エルビスはUFOや禅、瞑想、武道などに興

WE
LOVE
IT
TOO
Graceland
ELVIS
AARON
PRESLEY
JANUARY 8, 1935
AUGUST 16, 1977
SON OF
VERNON ELVIS PRESLEY
AND
GLADYS LOVE PRESLEY
FATHER OF
LISA MARIE PRESLEY
VERNON
ELVIS
PRESLEY

味があったという。そういえば、マンション・ツアーの最後に見学するのが「メディテーション・ガーデン（瞑想の庭）」。そこに彼の墓があった。色とりどりの献花が一年中絶えることがない。今年はエルビス没後三十年。八月の命日には世界中から五万人のファンがこの邸宅を訪れた。

ナッシュビル

ダウンタウンの高層ビルに囲まれた古めかしいライマン公会堂。この建物を語らずしてナッシュビルの音楽の歴史はない。

もともとライマン公会堂は一八九二年、トーマス・ライマンという蒸気船の船長によって建てられた礼拝堂兼集会堂だったが、音響効果が優れていたので音楽会にも利用された。一九二五年、ナッシュビルのラジオ局WSMが、土曜日の夜にカントリーの曲を流す番組「グランド・オール・オープリー」を始めたが、一九四三年から収録舞台はライマン公会堂に移され、公開生中継が開始された。

「ぼくもライマン公会堂での公開放送を見たことがあります。各地のアマチュアバンドからプロまで馳せ参じ、カントリーの祭典のように盛り上がりましたね」と感慨深く語るのは、マイク伊藤さん。ブラジソンで大活躍している日本人ミュージシャンだ。この放送を通じて、ナッシュビル・サウンドの名前は全米に知れわたるようになる。

一九七四年、番組の中継会場は郊外の「グランド・オール・オープリー・ハウス」に移ったが、番組は現在も続いている。第二次世界大戦中にも中止されず、八十二年間もオンエアされている世界一の長寿番組だ。あのエルビスもこの番組を聴いていたという。

このラジオ番組のショーを見に行くと、四千四百の席はほとんど満席。ライダーズ・イン・ザ・スカイ、マイク・スナイダー、コニー・スミス、パム・ティリス、ビル・アンダーソン、ジミー・ディケンスなど十六人の往年のシンガーが出演した。まるで「演歌の祭典」といったアットホームな雰囲気。収録はリハーサルなしのぶっつけ本番だという。

面白いのはバックステージ・ツアー。ショーの最中に舞台裏を見て回るツアーのことで、楽屋でチューニングしているスターに出会えたりする。

「グランド・オール・オープリー・ハウス」の周辺はミュージック・バレーと呼ばれ、一種の音楽テーマパークになっている。その中心は「ゲイロード・オープリーランド・リゾート」だ。十五階建てのホテル全体がガラスのドームにすっぽりと覆われ、滝を配したジャングルの中には川が流れ、そこをボートが進んでいく。レストラン、ショップ、アクティビティ、ショーなどが充実していて、館内を歩いている人の半分は宿泊者ではないといわれている。

ライマン公会堂での公開放送はなくなったが、公会堂周辺は今もナッシュビル・サウンドの中心であることには間違いない。近くのブロードウェイ沿いには「トゥーティーズ・オーキッド・ラウンジ」「ブルーグラス・イン」「ロバーツ・ウエスタン・ワールド」などのライブハウスが軒を並べ、実力派のミュージシャンが毎日演奏をしている。また、通りには有名な「グルーン・ギター」がある。店内にはギブソンなどアメリカ製品のビンテージギターから最新のエレキギターまで幅広く取り揃えている。

いつもどこからか、風に乗って軽快なカントリー・ミュージックが聞こえてくるナッシュビル。やっぱり「カントリー音楽の首都」である。

ブランソン

ブランソンは、メンフィスやナッシュビルと比べると日本での知名度はまだまだ低い。が、最近は「ザ・ミュージック・キャピタル・オブ・ザ・ワールド」と呼ばれ、急成長した音楽の都である。町を貫通する七十六号線の両側には、カントリー、ブルース、ポップス、ロック、ゴスペルなどの劇場の看板が重なり合い、目に眩しい。

ブランソンはミズーリ州の南部に位置し、人口わずか六千人の小さな町。そこに四十を超える劇場があり、毎日百二十もの音楽ショーが催され、年間訪問者は八百万人にも達する。

ブランソンを含むオザーク山系はもともと「釣り」で有名なスポットだった。四十五年前、釣り客相手に地元の「ボールノーバーズ」というヒルビリー（山地に住むローカル）バンドが小さな劇場を作り、演奏を始めたのがきっかけだった。二十年前からナッシュビルのカントリーのスター歌手が集まりだし、それをメディアが報道、ブランソン発展の礎となった。

日本でもおなじみのアンディ・ウィリアムスは「ムーン・リバー・シアター」をオープンしている。

マイク伊藤さんと

ショーを見ると、八十歳だというのに素晴らしいボリュームの声は昔と変わっていなかった。プラターズやオズモンド・ブラザーズなどの個人劇場もある。

日本人にとってうれしいのは、このブランソンで二人の日本人ミュージシャンが大活躍していること。共に団塊世代に属し大学時代には学生バンドで鳴らした人たち。三十五年以上もアメリカの厳しい音楽ビジネスの中で生き残ってきた実力派だ。

ひとりは前述した「ボールノーバーズ」でバンジョーとフィドル（バイオリン）を受け持ち、ヨーデルの名手でもあるマイク伊藤（明治大学出身）。彼は二十八年間の長きにわたり「ボールノーバーズ」の中心的メンバーとして演奏している。今、自叙伝を執筆中だ（『音楽から見えるアメリカ』彩流社刊）。

もうひとりはショージ・タブチ（桃山学院大出身）。フィドラーとしてアメリカン・ドリームを実現し、二千席を有する豪華な「ショージ・タブチ・シアター」のオーナーでもある。ブランソンを代表する二人の日本人スーパースターの活躍ぶりを、ぜひ見てもらいたいものである。

（「トラベルライフ」二〇〇七年十二月号）

アメリカの異郷 ニューメキシコ州

サンタフェとニューメキシコの七不思議

アドビ煉瓦の建物が軒を連ねるサンタフェのダウンタウン。ネイティブアメリカンの伝統的な建築スタイルで、直線と曲線が幾何学的に微妙に絡み合い、町全体がまるで立体彫刻の美術館といった趣である。ターコイズブルーの大きな窓枠が、茶色の世界に格好のアクセントを付けている。

サンタフェが州都であるニューメキシコ州は「魅惑の地」と呼ばれている。この地域に数千年も住み続けているネイティブアメリカンの基層文化の上に、メキシコから入ってきたスペイン文化、さらにアメリカ西部の文化が入り混じり、独特の文化をかもし出している。

世界各国からの芸術家も集まってきた。画家ジョージア・オキーフや作家D・H・ロレンスもこの町の魅力に取りつかれた。「世界のベストタウン」に常に選ばれるのは、エキゾチックな雰囲気と、町に漂う芸術性だ。市内にギャラリーは二百三十軒以上もあり、特に有名なのがキャニオン・ロードだ。一マイルの通りには百軒以上のギャラリーが並び、アメリカではニューヨーク、サンフランシスコに次いで三番目のアート市場。市民の六人に一人はギャラリー関係者といわれている。

さてニューメキシコ州には有名な「七不思議」というものがあり、サンタフェ市内、近郊にはその三つが存在している。

そのひとつが、サンタフェにあるロレット・チャペルの「奇跡の階段」だ。三百六十度を二回転する螺旋状なのに支柱がない。まるで宙に浮く階段！　現代の構造力学をもってしても、どうやって階段を支えているかは不明だという。

伝説によると、ある日、白髪の老人が現れ、ハンマーとノコギリとT定規だけでこの階段を造り、お金も受け取らずにいずこかに消えたという。

次の不思議はサンタフェ郊外三八キロ北にある、サントワリオ・デ・チマヨ教会の「奇跡の砂」。祭壇左側の小部屋の床には敷地内で採れる砂を入れた穴があり、この砂を患部につけると治るといわれている。「アメリカのルルド」と呼ばれ、復活祭には一万人もの巡礼者がやって来る。脚の病気に効くらしく、教会の壁には治った人が置いていった松葉杖がたくさん並べられていた。

チマヨからさらに北東六四キロ、タオスの町の入り口にサンフランシスコ・デ・アシスというアドビ様式の白亜の教会がある。オキーフが好んで題材にした教会だ。この教会の別棟の集会場には「暗闇で十字架が浮き出るキリストの肖像画」がある。部屋の照明を消すと、あら不思議、描かれていなかった十字架がキリストの左肩上に現れるのだ。キリストの衣装が風に揺れているように感じる人もいる。

このタオスの町のはずれに、世界遺産に登録されたタオス・プエブロがある。ニューメキシコに存在する十九ものプエブロ族のひとつ、タオス・プエブロの集合住宅だ。古いものでは千年も前に造られたアドビ様式で、今も人が住んでいる。奇抜といえば奇抜、モダンといえばモダン。ひと雨降った後、住居から夕餉を準備する煙が立ち上っていた。遠くから眺めると大海に浮かぶ軍艦のように見えた。

大自然の驚異と神秘にふれる

ニューメキシコ州のほぼ真ん中にあるアルバカーキは州最大の都市で、空の玄関口であり交通の要衝である。特に興味深いのは、アルバカーキ発祥の地であるオールドタウン。プラザ（広場）を中心としたエリアにはアドビ様式の三百年の歴史を誇るレトロな建物が連なっている。曲がりくねったレンガ道、ひっそりとした庭やバルコニー。この町もスペイン文化を色濃く残している。

市の郊外八〇キロのところにあるのがアコマ・プエブロの「空中都市（スカイ・シティ）」。標高二一四三メートルの高地乾燥砂漠地帯にそびえる一一二メートルのメサ（大地）の上に、十三世紀頃に造られたプエブロ族の集落だ。ここでは今も数家族が電気も水道もガスもない生活をしている。彼らが作る繊細なデザインの陶器が有名だ。

翌日、州の南東部に広がるカールスパッド・キャバーンズ国立公園に向かった。そこはテキサスとの州境に近い。途中ロズウェルという小さな町に立ち寄った。

ここはＵＦＯファンなら「聖地」と崇めるところで、世界唯一の珍しい「ＵＦＯ博物館」がある。通りの両側には宇宙人をイメージした街路灯が並び、店の看板にも宇宙やエイリアンなどをイメージしたものが多い。

話は一九七四年に遡る。ロズウェルの郊外にＵＦＯが墜落し、その残骸が回収され秘匿されたという「ロズウェル事件」が起こった。そこにはエイリアンの死体もあったという。

ＵＦＯ博物館は想像したよりずっと狭く、展示は高校生の文化祭のレベル。館内にはロズウェル事件の発端となった新聞記事、報告書、世界のＵＦＯ写真、エイリアンを手術している妙にリアリティのあるジオラマなどが並んでいた。このアバウトさこそＵＦＯ博物館！と僕は思った。

さらに南下して、カールスバッドへ。この周辺には「三つの不思議」がある。そのひとつはホワイトサンズ国立モニュメントだ。七〇〇平方キロメートルに及ぶ世界最大級の砂丘で、東京都の三分の一の面積がある。その砂丘は純白で、まるでスキー場のようだった。南西からの強い風を受けて常に動き姿を変え、時には三〇メートルの高さまで達することもある。日没時は特に美しい。

近くにある世界最大級の鍾乳洞も見逃せない。地上から三〇〇メートル下の洞窟内部までエレベーターが完備されている。「ビッグ・ルーム」と呼ばれる空洞に降りていくと、洞窟というより地底世界へ入っていく気分になった。サッカー場が十四も入ってしまう北米大陸最大の鍾乳洞だ。「鍾乳石が一センチ成長するのに数百年もかかります」というガイドの説明に、地球の時の歩みを肌で感じた。

一九九五年に世界自然遺産に登録された。

この洞窟から日没前に、メキシカン・フリーテイル・バットと呼ばれる三十万匹ものコウモリがグループを組んで飛び立つ。薄暮の空に描かれる巨大な群舞。竜巻のように螺旋状に空に駆け上がったかと思うと左右に急降下、パチパチという羽音が地上でも聞こえる。上空を大きく旋回していく様は、モノクロのオーロラのような気がした。

北米最大のネイティブアメリカン遺跡

全米五十州の中で、ニューメキシコ州ほどネイティブアメリカンの文化が華やかに継承されているところはないだろう。ニューメキシコ、アリゾナ、ユタ、コロラド地域にはアナサジ、ホホカム、モゴヨンという先住民がいた。そのうちアナサジの領域はリオグランデ川上流、コロラド川と支流のサンファン川支流領域に広がった。このアナサジの人種、文化の継承者は本文でたびたび登場したプエブロで十九の部族に分かれる。

プエブロとはスペイン語で「村」を意味する。十六世紀にスペインの探検隊がこの地を訪れた時、アドビ様式のアパートのような住居を見て「プエブロ」と呼んだことによる。十九世紀までヨーロッパ人と接触せず、土地を耕し、トウモロコシやカボチャ、チリ唐辛子を栽培する高度な文化を持った農耕定住型民族であった。同じグループの中にはホピ、タオス、ズーニなどがある。一方、アパッチ、コマンチはプエブロをしばしば襲う伝統的な敵として存在した。

アルバカーキから北西にドライブすること三時間半、ニューメキシコ、コロラド、ユタ、アリゾナの四州の州境が交わる「フォー・コーナーズ」の近くに、アナサジが建設したチャコ・カルチャー国立歴史公園がある。標高一八九〇メートルの高地に広がる北米大陸最大の遺跡だ。

チャコ渓谷に沿って、西暦八五〇年頃～一一五〇年頃にかけて造られた中央集権的都市遺跡。周辺の集落とは放射線状の道路で結ばれ、近隣と交易をしていた。灌漑設備や地下貯蔵庫も完備されて二千人が生活していたと推測されている。宗教的儀式を行う礼拝所は「キバ」と呼ばれ、地下に作られた。見てみると、僕には子宮のイメージが強く感じられた。

一番のみどころは「プエブロ・ボニート」。巨大な集合住宅で、三百年の歳月を費やして建造されたという。四階建て六百室、四十もの「キバ」を擁している。チャコの人々は工芸や幾何学的なデザインなどに優れ、古代の中心都市として栄えた。

しかし、不思議なことに十二～十三世紀頃アナサジは突如としてこの土地から消滅してしまう。疫病が流行ったとか、渓谷を流れる川が干上がったからとかいわれているが定かではない。ニューメキシコのもうひとつの不思議。この遺跡は、一九八七年に世界文化遺産に登録された。

（「トラベルライフ」二〇〇八年三月号）

原色の大地

オアハカ

オアハカには鮮やかな色彩があふれていた。緑、ピンク、黄、青色の鮮やかな原色。しっとりとしたスペイン風バロック建築が立つ街並みの中で、インディオの民族衣装、店の看板、壁の色などが強烈に自己主張してくる。

建物の壁では光と影がせめぎ合い、石畳には私の影が大きく伸び、光の眩しさは影の美しさを強調していた。幾多の色彩がばらばらに存在しているにもかかわらず、全体として統一されているのは彼らの色彩感覚が優れているからだろう。

オアハカの町の中心は、ソカロと呼ばれる広場である。その北側には石畳の道が広がり、道の両側にはサント・ドミンゴ教会などの荘重な建物が往時の面影を今も伝えている。オアハカの魅力は、スペイン文化とインディオ文化の混在と言ってもいいだろう。

この高原の街は、十六世紀にスペイン人によって造られた。メキシコシティの東南五一〇キロに位置し、海抜一五六三メートルのなだらかな山間に開けたオアハカ州の州都で、メキシコ国内で最もインディオの多い町だ。

人口の八〇パーセントをインディオが占め、サポテカ族、チナンテカ族、クイカテカ族など十六の部族がそれぞれの言葉と文化を背景に暮らし、その方言は二百を超えるといわれている。
彼らは昔から手先が器用で、村々ごとに織物や陶器など得意の工芸品がある。オアハカはメキシコが世界に誇るクラフトの町である。
メキシコ旅行中、ショッピングするならオアハカで、という話をよく聞いた。値段の安さはもちろんだが、先祖から受け継いだ伝統的工法と近代的技術がうまくミックスされた製品が多く、その素朴な手触り、高品質、センスの良さなどが旅人にはとても魅力的だ。

ソカロの南側には二つのメルカード（市場）が細い通りを隔てて立ち、あらゆる食料品と日用品が無造作に積み上げられ、ローカルな食事が楽しめる簡易食堂も並んでいる。

市場を巡ると、オアハカ特産のチーズやチョコレート、竜舌蘭を原料にした蒸溜酒メスカルなどがたくさん並べられていた。特産のオアハカ・チーズは、味は普通の生チーズと変わらないが、かなり腰の強い歯ごたえを感じた。

その他、焼くと黒くなる土でできた黒陶の壷や皿、あるいはウールのラグ（織物）、民族衣装、ソンブレロ（帽子）、ユーモラスなブリキ細工に木彫りなど、近郊の村で作られた民芸品がずらりと並ぶ。どれもこれも色彩がカラフルだ。

数あるクラフトの中で、一番目立つのは鮮やかな織物。モダンアートのような幾何学模様が主流で、菱形を中心に置いてデザインしたものが多い。この織物の産地はティオティトランという村で、遺跡で有名なミトラの近くに位置しているという。

さっそく車でティオティトラン村に向かった。埃っぽい乾いた道を進むと、両側に立派な家が立ち並んでいる。ティオティトランのラグはメキシコ中で最も高品質として評価が高い。どこの家も商売がうまくいっているのだろう。

運転手は、村の一番奥まったところで車を止めた。そこには大きな店があり、店内にはウールのショールやマフラー、サラーペ（肩かけ）などカラフルなラグが並んでいた。朱色をはじめ黄、青、緑色がよく使われていて、白い壁とのコントラストが美しい。大きなショールで千六百円、マフラーで七百円とびっくりするほどの安さだ。

店の主人はサポテカ族で、彼によるとこの村に伝わる織物の技術はプレ・ヒスパニック時代（十六世紀以前）から続いているという。「染料も全部自分たちで作ります。鮮やかな色を出すには、草や木の実、鉱物などの自然の素材で作った染料を使います。赤く染めるのは、サボテンに付くコチニールという貝殻虫から作った染料です」と主人。

ガイドによると、このコチニールは、スペイン植民地時代には金や銀に次ぐ高価な産物としてスペインに輸出されていたそうだ。

世界遺産に登録されたモンテ・アルバンの遺跡

オアハカは約四千年前にはすでに、湾岸地方から山岳地帯やユカタン半島に連なる交通の要衝だった。

そうした立地条件を背景に、紀元前六世紀から紀元後十世紀にかけてオアハカ渓谷にサポテカ族の壮大な祭祀の中心地、モンテ・アルバンが栄えた。サポテカ族は標高二千メートルの高原地帯の山頂を平らに直し、岩斜面を削って長さ三百メートル、幅二百メートルの矩形地を作りだしたのである。

オアハカの街並みが眼下に望める丘陵上に、二つの大きなピラミッドをはじめ天文台、球技場、地下式の墓などが整然と並んでいる。これらの宗教施設にはサポテカ族の聖職者と貴族だけしか入れなかったという。

サポテカ族はオアハカ渓谷を支配し、高度な文化を背景に、芸術性の高い彫刻や絵画をいくつも残した。未だ意味がわかっていないものに、「踊る人のギャラリー」と呼ばれる三〇〇～七〇〇年頃の石の彫刻群がある。人間を模した三百以上もの彫刻は、厚い唇や斜視などサポテカ族の特徴とは違う顔つきをしており、頭蓋骨などもゆがんでいたりする。このことから最近の考古学では、生け贄にされた異民族の捕虜ではないかと考えられている。

最盛期には人口二万五千人を擁し、マヤ文明が全盛期を迎える前に中央アメリカで高度な文化を誇っていたモンテ・アルバン。しかし八五〇年頃からサポテカ族は近くにミトラなどの新しい都市を築き、モンデ・アルバンを段階的に放棄するようになっていった。

この古代都市が放棄された理由は、現代でも解明されていない。

メキシコシティ

あたりを睥睨《へいげい》するかのように、真っ青な空に屹立《きつりつ》する太陽のピラミッド。仰ぎ見ると、大きな岩が大地に被さるように立っているようだ。メキシコで最も大きく、世界で三番目に高いピラミッドといわれているように、高さ六八メートルの頂上に立つと人々が豆粒ほどに見えた。基底部の長さは二一六×二二八メートル。

この太陽のピラミッドが鎮座するテオティワカンは、メキシコシティの北東五〇キロのところに位置している。遺跡の名の意味は「神々が集う場所」。後にこの地にやって来たアステカ族によってこう名付けられた。

太陽のピラミッドは、太陽の軌道を計算したうえで位置や向きが決められている。夏至の日には太陽はこのピラミッドの正面中央の真正面に沈むという。

四十度ぐらいはあるだろう急勾配の石段を、地元の中学生たちと一緒にロープを握りながらゆっくりと登っていく。見上げた空には一片の雲も浮かんでいない。地面からどんどん垂直に上昇していく気分で、登るにしたがって視界が広がっていくのがうれしい。

頂上には、かつて生け贄を捧げたという石が残されているだけだが、周囲の風景が素晴らしく、登った甲斐があると思った。茶色の敷地にところどころパセリをまいたように緑の木が点在し、広大な遺跡が手に取るようにわかる。風が耳元でぴゅうんと言いながら私の身体を巻くように吹いていく。Tシャツに描かれた汗の地図は一気に乾いてしまった。少し向こうに、小振りの月の神殿（高さ四五メートル）が大きく見えた。

テオティワカンは紀元前二世紀から紀元後七世紀にかけて栄え、特徴は多人種都市国家で農民による宗教施設であったこと。同時に、近隣の国と貿易をする一種の交易国家であったことだ。それはテオティワカン特有の土器がグアテマラなどで発掘されたり、あるいは逆にほかの都市で作られた副葬品がテオティワカンで発見されている。つまり輸送のシステムも完備され、オアハカやユカタン半島、さらにグアテマラとも交易していたことなのだろう。

最盛期の五世紀には、二十平方キロメートルの広大な地に二十万人以上もの人たちが居住した。広さでは当時のローマとも肩を並べ、人口では最盛期のアテネに匹敵している。このことからも、世界で最大級の都市国家であったことが推測される。

遺跡のほぼ中央には「死者の通り」と呼ばれる幅十五メートル、長さ二キロの中央通りが延び、神殿、住居跡などすべての建造物がこの通りの左右に建てられている。これらの遺構や遺跡のスタイルは傾斜する壁（タルー）の上に垂直な壁（タブレロ）をはめ込んだ基壇の積み重ねによって形造られ、タルー・タブレロ様式と呼ばれるテオティワカン独特の建築である。

この様式はメキシコ中央高原だけにとどまることなくメソアメリカ全域に広がっていったのだった。

メキシコ文明を簡単におさらいすると、紀元前十世紀にオルメカという種族が最初に登場し高度の文明を営む。やがて紀元前後から古典期文明といわれるマヤ文明が繁栄し、パレンケやコパン、ウシュマルなどの地域で文明が花開いた。

また中央高原にはティオティワカン、オアハカ地方にはサポテカ族が作り出したモンテ・アルバン文明が栄えた。不思議なことに、これらの都市国家は八世紀後半から十世紀にかけて相次いで滅亡していくのである。そして北方からトルテカ族が国を興こし、最後にはアステカが登場する。その首都テノチティトランは十六世紀、コルテスに率いられたスペイン軍によって滅ぼされてしまうのだ。

メキシコで最初に栄えたオルメカ文明のあとを受けて興隆したのが、このテオティワカンであった。宗教施設を造って、神に祈るという観念をオルメカから受け継いだといわれている。「羽毛の生えた蛇」を意味するケツァルコアトルの神殿には、水神トラロックとか蛇神など水に関係した彫刻が多い。灌漑施設の遺構が全く残っていないことから、おそらく彼らはこういう彫刻に向かって雨ごいの儀式をしたのであろう。

この文明も六五〇年頃滅んでしまう。北方にあるチチメカ族が侵入してきたのか、内乱が起ったのか、あるいは火災の影響、農民の反乱か、まだ原因は解明されていない。

今は石壁が剥き出しになっているピラミッドも、かつては漆喰に覆われ顔料で彩色されていたという。現在、遺跡の一部では、赤い壁面を見ることができる。それをじっと眺めていると、私の脳裏には、美しく彩色された雄姿が瞼の裏に一瞬現れた。

テオティワカン観光の拠点となるのがメキシコシティである。この町を散策するには、やはりソカロ(中央広場)から始めるべきであろう。

広場は、壮麗なカテドラルと重厚な国立宮殿、植民地時代の面影を残す建築群によって囲まれている。現在でもメキシコシティの心臓部であり、人々の憩いの場所として庶民の熱気が渦巻いているエリアだ。

ソカロの北側にそびえるカテドラルは、完成に二百四十年も要したためにバロック、ゴシック、ルネサンス、新古典主義のさまざまな様式が取り入れられている、ラテンアメリカ最大級の教会建築である。日本人として興味があったのは、カテドラルの左奥の礼拝堂だった。ここには、メキシコで最初の聖人となったフェリペ・デ・ヘススが祭られている。

時は一五九六年、土佐沖で難破したスペイン船籍サン・フェリッペ号に鑑み（サン・フェリッペ号事件）、豊臣秀吉はキリシタン迫害のため、日本で布教していた神父二十六人を長崎で処刑した（二十六聖人殉教）。その一人がヘスス神父である。そのニュースは太平洋の貿易中継地であるフィリピンを経由して、メキシコにまたたくまに届けられた。私は、日本とメキシコを結ぶ歴史の糸、太平洋を媒介にした海洋ネットワークの広さを強く感じた。

ロス・カボス

大きなサボテンが点在する砂漠。その向こうにコルテス海が見えた。青色に染まることなく疾走している白亜のヨット。カボ・サン・ルーカスの町にはアメリカ人観光客が繰り出し、通りには軽快なマリアッチが流れていた。

ただしロス・カボス到着日はあいにくの曇天だった。空港から乗ったタクシーの運転手は「セニョール、あなたはラッキーですね。昨日だったらもっとハッピーでしたよ」と笑いながら話しかけられた。というのは、ロス・カボスでは一年間に十日しか雨が降らない。つまり三五五日が晴天なので曇天は珍しく、昨日は雨まで降ったという。

「ここでは家を建てるときに、雨量を想定して設計しません。雨樋も設置しませんから、大雨が降ると家の中は水浸しです。日本の台風の五分の一の規模でも、ロス・カボスでは被害は五倍になります」とロス・カボスに住む日本人ガイド。

しかし、滞在中だんだんと天気が良くなり、カリフォルニアン・ブルーの濃い空を思いっきり仰ぐことができた。

大人のバカンスを演出してくれるホテル

太平洋に盲腸のように長く伸びたバハ・カリフォルニア半島。バハとはスペイン語で「下」を意味し、サボテンと灼熱の砂漠が一七〇〇キロにわたって続く半島の最南端にロス・カボスが位置している。太平洋とコルテス海が溶け合う海のリゾートだ。

海には、毎年冬にはコククジラが回遊してくるのでホエール・ウオッチングも楽しめるし、透明度のいい海ではいろいろなマリンスポーツが楽しめる。

ロス・カボスはカボ・サン・ルーカスと約三五キロ離れたサン・ホセ・デル・カボ、そしてこれらの町を結ぶ沿岸のコリドールの三つの地区の総称で、海岸沿いのコリドール地区には豪華なリゾートホテルが立ち並んでいる。

私たちが宿泊した「フィエスタ・アメリカーナ・グランド・ロス・カボス」は、カボ・サン・ルーカスとサン・ホセ・デル・カボの中間に位置している。荒々しい岩山と真っ青なコルテス海に挟まれた大自然の中に、クリーム色の建物十三棟が海に向かって立っている。部屋の窓からは、グリーンガーデンの向こうに美しいコルテス海が見えた。まるで、青と緑と茶色だけで描かれた油絵のようだ。メキシコ産のテカテ・ビールを片手に海を見ていると、ゆっくりとメキシカン・タイムが流れていった。

（「トラベル&ライフ」二〇〇二年四月号）

ブラジル

Federative Republic of Brazil

大湿原パンタナルとイグアスの滝

人間を野生に戻してくれる大湿原パンタナル

巨大な湿原の上空には、濃淡さえ見つけることができない青一色の空が広がっていた。太陽は強烈な日差しをさらに鋭く研ぎ澄ます。

馬は一列になって湿原の中に入っていった。背筋を伸ばし、馬のリズムに体を合わせる。突然「タシャン、タシャァン！」という大きな鳴き声。《パンタナルの番人》と呼ばれるタシャン（カンムリサケビドリ）が、警戒の鳴き声を発したのであった。

馬の脚が水を蹴るたびに飛沫があがり、逆光の中で水玉が踊る。野性の世界へ入っていく、この高揚感。前方で、餌を食んでいた白色のトゥユユー（ズグロハゲコウ）が驚いて飛び立った。羽を広げると、二メートル近くもある。首の周りの赤い縞が襟巻きのように可愛い。

ケロケロと鳴くケロケーロ（チドリ科）やハスキーなインコの声。しばし野鳥たちが奏でる音楽に耳を澄ます。湿原を行く乗馬ツアーは、ジャングルクルーズやピラニア釣りと並び、パンタナルを代表するアクティビティだ。

パンタナルは「大きな湿原帯」という意味で、ブラジルの西側、ボリビアとパラグアイの国境地帯に広がる世界最大の湿原地。面積は二三万平方キロメートル、日本の本州ほどの面積を有しているというから、その大きさが分かるだろう。パンタナルでは、特に水が湧いているわけでもなく、年間降水量も平均八百ミリと少ない。

ところが雨期（十月〜三月）になると四方の高原から雨水が一気になだれ込んでくる。排水を担うのはたった一本のパラグアイ川（ラプラタ川の上流）のみ。そのために毎年氾濫することになる。

しかし乾期（四月〜九月）になれば元の盆地に戻り、天然の草原が広がる。その年の雨量の流入量と、乾期における沼地と草原の面積の割合に応じて、パンタナルの植生や動物相に変化が生まれる。このことが世界でも有数の生態系たるゆえんであり、水を主役とする生命サイクルのドラマが毎日繰り広げられているのだ。

確認されただけでも、魚類二七〇種、爬虫類一六〇種、哺乳類九〇種、鳥類に至っては七〇〇種も生息しており、野生動物の生息密度は世界最高である。

馬はゆっくりと沼地を進む。遠くの空にコンドルが大きく旋回している。目だけ水面に出したジャカ

レー（ワニ）も見える。樹木の間を抜けて吹いてくる風に、生命の息遣いが聞こえるような気がした。
夜、ふと空を見上げると、幾千幾万の光点に射すくめられた。北の地平線上に北斗七星が「逆さ」に広がり、天頂に南十字星が浮かんでいる。地球の裏で星空を眺める悦楽……。
朝と夕にパンタナルは壮大な自然のドラマを演じるといわれるが、深夜もまた人を圧倒的な感動に誘い込む。サウンド・オブ・サイレンス。地酒ピンガの酔いが心地よい。
旅の感激は飛行時間に比例する。星空の下にたたずみながら、この言葉を実感した。

圧倒的な存在感で迫るイグアスの滝

ドドドォー。八〇メートルほどの高みから現れた薄茶色の水が、白い水が、圧倒的なエネルギーを爆発させて、覆いかぶさるように大地に襲いかかる。滝壷から絶えず湧き起こる濃い水煙は風に巻かれ、滝の上空まで駆け上がり、空の白雲とつながっているように見えた。

鼓膜を揺さぶり、体全体に響いてくる重厚な大音響。凝視していると、水が逆に天空に向かって上昇している錯覚に陥ってしまうほどだ。

ブラジルとアルゼンチン、パラグアイの三カ国にまたがって広がるイグアスの滝。イグアスとは、インディオたちの言葉で「巨大な水」という意味らしい。高さでいえば、華厳の滝ほどの三百を超える大小の滝が大瀑布を形成し、滝の幅は総計すると四キロにもおよぶという。

世界三大瀑布のひとつであるイグアスの滝は、滝の幅で世界一。ナイアガラの滝は水量で、アフリカのビクトリアの滝は高さで世界一を誇っている。

かつてイグアスを訪れた米国のルーズベルト大統領夫人が、「可哀想な私のナイアガラよ」と嘆いたという。このエピソードからも、いかにイグアスの滝のスケールが壮大か、うかがい知ることができるだろう。

整備された遊歩道を歩いていくと、濁流が渦巻く川の中央部に向かって鉄の橋が延びていた。やっと人がすれ違えるほどの細い橋の先端が展望台になっている。雨のような水飛沫が襲ってきた。光が差すと、滝の中腹から滝壷にかけて虹がくっきりと浮かび上がる。

展望台の左側に広がる、綿を積み上げたような巨大瀑布。これが有名な「悪魔の喉笛《のどぶえ》」だ。ブラジル側の最深部に位置し、イグアスの滝の中でも圧倒的な迫力を誇っている。他の大きな滝には、聖母マリアの名をはじめ、聖人の名前が付けられているが、それに対抗するかのように、どうしてこのような不気味な呼び方にしたのだろう。

水。それが上から下へと落ちてくる。ただそれだけのことなのに理屈ぬきに感動する。イグアスのように大きな滝ならなおさらだ。滝壷に近寄り、飛沫を浴びるとエネルギーが湧いてくるような気がするのは、私だけではあるまい。いわゆるマイナスイオンの効用か。

はるか頭上から落ちてくる「巨大な水」の轟音。体の芯にまで届いたその余韻は、帰りのバスに乗っても耳の奥でドドドォーと響き続けた。

ブラジルを代表する二大都市・リオとサンパウロ

リオデジャネイロを代表する観光スポットといえば、コルコバードの丘である。丘のふもとのコスメ・ベーリョ通りに登山電車の駅があり、頂上までは所要十七分。総距離三八〇〇メートルの長い登山電車である。

海抜七一〇メートルの頂上に立つ巨大なキリスト像は、身長三〇メートル、広げた両腕の長さは二八メートルもある。頂上からは蝶々の形をしたロドリーゴ・フレイタス湖やリオ市内、遠くにコパカバーナ海岸が見渡せる。

ポン・デ・アスーカルは紺碧のグアナバラ湾に面してニョキッと立つ奇岩で、この頂上には空中ケーブル

カーで向かう。頂上からの眺望は、北にグアナバラ湾、南に大西洋、西にリオの街並みと一大パノラマだ。

もうひとつの大都市、サンパウロは南米を代表する商業盛んな文教都市。日本人にとっては移民の町として知られる。日本からブラジルへの移民が始まったのは一九〇八（明治四十一）年。最初の移民船には七八一名の移民が乗り込み、到着したのはサンパウロ郊外のサントス港第十四埠頭であった。

現在、ブラジルの日系人は一五〇万人。五五万人がサンパウロに住む。彼らの心の故郷がリベルダーデ大通りに広がる東洋人街だ。近くにはブラジル日本移民資料館があり、多彩な資料が苦闘の歴史を語っている。

（「トラベル&ライフ」二〇〇四年八月号）

コスタリカ

Republic of Costa Rica

素晴らしきネイチャー・ワールド

ジャングル上空を時速七〇キロで滑走する快感

一気に鳥の目になった。

風がシュッと耳元を駆け抜けてゆく。眼下に広がる熱帯雨林。下方から猿の鳴き声が聞こえてくる。右手前方に、太平洋に突き出たニコヤ半島が見えた。ジャングル上に張られたロープ。両手で思いっきり握った滑車（プリー）は、時速七〇キロで滑っていった。

緊張と恐怖。そして快感。強い風で左右に体が揺れ、ヘルメットがロープと接触しコツコツという音がする。わずか二十秒で四五〇メートル先のジャングルに設置されたプラットホームに到着した。冷や汗をかく暇もなかった。

コスタリカの首都サンホセから車で約三時間、モンテベルデ・クラウドフォレスト自然保護区で今人気を呼んでいるのが、このスカイ・キャノピーツアーである。ジャングルの上に張り巡らされたロープを、ハーネスで繋がれた命綱一本で滑ってくるというレンジャー部隊さながらのワイルドなアクティビティだ。
　私たちのツアー人数は十一人にガイドが三名。アメリカ人が多く、年齢は中学生から六十代の男女混合チームだ。
　午前九時半、全員に命綱が巻かれ、ヘルメットを渡された。まずジャングルを十分ほど歩き、最初のプラットホームへ。ここで各自に滑車が渡された。インストラクターが「滑る時は、足を組み上方に上げること。頭は下に垂らすこと」と、わずか三分間のレクチャー。この説明だけで、我々はシミュレーションも何もなしで本番突入となった。
　一本目のロープは二五メートルの長さ。みんな緊張の面持ちだ。ガイドによって淡々と体とロープがハーネスで結わえられた。間隔をあけて一人ずつ滑る。いよいよ私の番。

「バーモス（レッツゴー）」と背中を押されて宙に舞った。下に広がるジャングルを見る余裕もなかった。

このツアーでは、張り巡らせた十一本のロープを二時間かけて回ってくる。最初は入門編で、次第に難易度が増してくるという仕掛けだ。つまり長さと高さ。一番長いもので七七〇メートル、所要時間は四十秒。一番高所に張られたロープは谷底までなんと一三〇メートル！　そこを時速七〇キロで突っ切るのだ。

ジャングル上空を鳥と同じ視線で見渡せる快感。下界を見下ろしながら大声で叫べば、かなりのストレス解消になる。

ガイドに聞くと、体験者は八歳から九十歳までと幅が広く、参加者の一パーセントぐらいが最初のプラットホームで恐怖のあまり断念するという。参加者は多い時で一日二五〇名。モンテベルデでは、旅行者の挨拶が「キャノピーに乗ったかい？」である。

エコツアーの原点となったモンテベルデ自然保護区

首都サンホセから快適なパン・アメリカン・ハイウェーを二時間ほど走ると、道路は未舗装となり、あちこちに穴ぼこが見える。ドライバーは右に左にハンドルを切りながら中米版「いろは坂」を登っていく。

ドライバーのファン・カストロさんは西郷隆盛像によく似たコスタリカ人で、日本語は伊豆下田の「わさび漬け」工場で学んだという。

「コスタリカは九州と四国を合わせたほどの小国ですが、国内には五十万以上の動物種があります。これはね、地球上の動物種の五％に匹敵するんですよ。鳥類は、アメリカ、カナダ、メキシコを合わせた数よりも多い八五〇種が存在していますし、植物も一万二千種もあるんですよ」とカストロさん。

このように豊かな自然を背景に、コスタリカでは一九八〇年代半ばから自然を守りながら観光資源として結びつけるというエコツーリズムを進めてきた。

「国土の四分の一を、国立公園や自然保護区として乱開発を禁止しています。そのシンボル的存在が今、私たちが向かっているモンテベルデ・クラウドフォレスト自然保護区なのです」

一時間のダート道を登り、ようやく目的地に到着。広い空、太平洋まで広がる緑のジャングルというダイナミックな光景に感動した。

モンテベルデの歴史は、一九五一年に徴兵を拒否した四十四人のアメリカ人クエーカー教徒がこの地に移住したことから始まった。彼らは土地を耕し、牛を飼いチーズやハムを生産していった。酪農中心の農業を定着する一方、協同組合を作り環境保全に力を注いだ。その結果が、現在のエコツアーの原点となっている。

ここは国立公園ではなく、民間のナショナルトラストの管理による自然保護区で、運営は入場料と寄付金でまかなわれている。保護面積は百平方キロ以上もあり、現在もなお買い足しが行われ面積が増えている。

モンテベルデではバラエティに富んだランの種類、動物ではナマケモノ、ホエザル、ハナグマなどを見ることができる。そういえば、ナマケモノはホテル近くの邸宅の庭で見ることができた。

鳥類のシンボルは、ケツァールである。手塚治虫原作『火の鳥』のモデルとなった幻の鳥だ。鳩ほどの大きさのカラフルな鳥で、尾の長さは一メートル以上もある。好物はリトルアボガドの実で、二時間後に種だけを吐き出すという。

カストロさんとスカイウォークと呼ばれる遊歩道を歩いていると、森の中から突然「ホーホー」とフクロウのような太い声が聞こえてきた。ケツァールだ。カメラを構えて待ったが、その美しい姿を現すことはなかった。

異国情緒が漂う熱帯のニコヤ半島

高所に位置するモンテベルデからニコヤ半島に来ると、一気に夏の気候となった。コスタリカの北西部に位置し、太平洋に大きく突き出た半島だ。

日差しが眩しい。街を歩く人々の赤銅色の皮膚。汗ばんだ肌が強烈な太陽の熱をはね返している。色とりどりに塗られた商店の影が路上に大きく伸び、メレンゲの音が通りを滑っていく。

この半島を占めるグアナカステ県はニカラグアと国境を接し、十三世紀頃、メキシコ南部のチアパス地方から移り住んできたチョロテガ族の文化が栄えたところである。地名や川の名前などに名残のインディオの言葉が残り、インディオの血を受け継いだ人が多いと感じた。

「この地方は、地理的条件からかつてはニカラグア領だったこともあるんですよ」とカストロさん。コスタリカの他の都市と比べると異国情緒を感じるのは、そんな理由があるからだろう。

ニコヤ半島には美しいビーチが延々と広がっている。北部のプラヤ・パナマから南端のプラヤ・ブランコまでの海岸線は一六〇キロもあり、二十を超えるビーチリゾートが点在している。

私たちが宿泊したフラミンゴ・マリーナ・リゾートのようにおしゃれなビーチリゾートもあれば、まだ未開発の素朴なビーチもある。

また北部に広がるサンタ・ロサ国立公園とリンコン・デ・ラ・ビエハ国立公園とが「緑の回廊計画」により、合わさってグアナカステ国立公園となった。二〇〇一年、国内で三番目の世界自然遺産にも登録されている。

（「トラベル&ライフ」二〇〇四年四月号）

アルゼンチン

Argentine Republic

魅惑の南米紀行

近代ブエノスアイレス発祥の地・ボカ

澄み切った青空が広がり、薄紫のジャカランダの花が風の中で揺れている。頭上から降ってくる小さな葉擦れの音。「南米のパリ」ブエノスアイレスは初夏だった。

町の中心部にある五月広場から、東南に広がるボカ地区に向かった。車窓に広がる荘重な建物。十九世紀後半にヨーロッパからやって来た多くの移民たちはこの町に、パリやミラノを手本にしてヨーロッパ文化を植えつけていった。南米のどの都市とも違う町のたたずまい。街角から公園から、ヨーロッパを再現したという移民たちの心意気が感じられる。そのシンボル的存在が、世界的に有名なコロン劇場であろう。

ボカ地区は、ラ・プラタ川に注ぐリアチュエロ川の河口（ボカ）に広がっている。かつてここにはアルゼンチン随一の国際港があり、大西洋を渡ってくる移民たちはこの地に最初の第一歩を踏み出した。その大半はイタリアの南部の人たちだったが、スペインのガリシア地方出身者も多かった。

その背景には、パンパ（草原）の開発により牧畜が盛んになり、ヨーロッパに輸出する牛肉産業の人手が不足したという事情がある。十九世紀後半の数十年間に、イタリアからの移民は八百万人を越えた。日本で大人気だったアニメ映画『母をたずねて三千里』は、イタリアの港町ジェノバに住むマルコ少年が、出稼ぎでアルゼンチンに行ったまま音信のない母を捜す物語だ。

港町特有の異国情緒が漂うこの地区には各国の移民が住み、造船工場が立ち並び、船乗りや沖仲士、労働者であふれていた。彼らを相手にする妖しげな酒場やダンスホール、大衆食堂が軒を連ね、一種荒々しい雰囲気をかもし出していた。タンゴはこのような貧しい移民の不平不満のはけ口として生まれた。最初、ブエノスアイレスの人たちはタンゴを品のない踊りと見ていたようだ。紳士淑女に認められるようになったのは一九三〇年代に入ってからである。タンゴ曲はパンパの民謡音楽ミロンガ、キューバのハバネラ、アフリカのカンドンベなどのリズムの集大成だといわれている。

多国籍の人種が集まるボカ地区。アルゼンチンという国に熱烈な郷土愛がありながら、人種的な対立もあった。そこでひと肌脱いだのが、地元生まれのキンケラ・マルティンという画家だった。彼はこの地区を「ボカ共和国」と名付け、絵を売って貯めたお金で小学校、病院、美術館や劇場などを次々と建てた。彼の友人の作曲家フィリベルトのタンゴの傑作「カミニート」にちなみ、長さ一〇〇メートルの

小さな路地公園も造った。
今やボカ地区は、美しくペインティングされた家並みが続く観光スポットであり、建物群が一種の「アート」となっている。
夜、ブエノスアイレスきってのタンゴ劇場「エスキーナ・カルロス・ガルデル」でショーを見た。タンゴを世界的に広めた天才歌手ガルデルの名前を付けた劇場だ。舞台で、風貌も声音もガルデルとそっくりな歌手ラファエル・ロハスが哀愁たっぷりに歌う。繰り広げられる官能の舞。ワインに酔い、踊りに酔う。ブエノスアイレスの夜は長い。

世界八大ワインの産地・メンドーサ

雪をかぶるアンデス山脈に囲まれた広大なブドウ畑。ブエノスアイレスの西方約一〇〇〇キロ、チリ国境に接するメンドーサ州は、ワイン通に知られたところである。世界第五位のワイン生産量を誇るアルゼンチン・ワインの七〇パーセントがこの州で作られているからだ。

メンドーサ州はもともと乾燥した地中海性気候の砂漠だったが、アンデス山脈の雪解け水を利用した灌漑設備が造られ、ブドウ栽培の州に変身した。州内には一二〇〇ものワイナリーが点在し、世界八大ワイン産地のひとつだ。ワイナリーはボデガ（酒蔵）と呼ばれ、工場の見学やテイスティングが楽しめる。

観光拠点のメンドーサの町には、アルゼンチンを代表するボデガの「ロペス」や「シャンドン」などがあるが、僕は小さなボデガ「カバス・デ・ドン・アルツーロ」で飲んだマルベック（赤）の味が忘れられない。アルゼンチンを代表する品種で、深いルビー色の果実味あふれる赤。口に含み、舌の上でころがすと、芳醇な香りが喉を伝わって落ちていった。

嗜好品でもうひとつアルゼンチンで有名なものに、マテ茶がある。アルゼンチン人にとっては、なくてはならない生活の必需品だ。

公園などで、容器からボンビーリャと呼ばれる金属製のストローでチュッチュと吸っている光景によく出くわす。このストローは先端が膨らみ、茶葉を漉すための無数の穴が開いている。本当にマテ茶を好きな人は、どこへ行くにもマテ茶セット一式を持っていくほどだ。

もともとマテとは、マテを飲む容器を表す言葉。瓢簞《ひょうたん》製のほかに銀や銅などで作られたものも多く、土産店に行くと必ず棚に並んでいる。

マテ茶は南米で採れるモチノキ科のイェルバ・マテの葉を乾燥させたもので、ビタミンや鉄分、ミネラル、カルシウムをたくさん含んでいて、地元では「飲むサラダ」と呼ばれている。ガウチョ（牧童）たちはこのマテ茶でビタミンを摂取するので、野菜をあまり食べなくてもいいそうだ。南米サッカーの強豪チームのスタミナ源は、マテ茶だといわれているほど。牛肉消費量が多いアルゼンチン人に、肥満や成人病にかかる人が少ないのはマテ茶を飲んでいるからとも、地元で聞いた。実際に飲んでみると緑茶の味に似ていて、すっきりと爽やかな感じだった。

メンドーサの町は、南米最高峰のアコンカグアの観光拠点になるところだ。メンドーサからチリの首都サンチャゴとを結ぶ、国境越えルートをドライブした。南米ならではは雄大な風景が車窓を流れていく。アコンカグアの雄姿が左手方向に望めた。標高六九六二メートルの白い峰が太陽の光を浴びてキラキラと輝いている。

一気に標高三二〇〇メートルまで上ると、グアナコ（ラクダ科の動物）が近くの山を集団で歩いているのを発見。慌ててカメラを構えた。山の向こうはチリだ。アコンカグアの風景は三十五年前に旅したときと、なんら変わっていなかった。

（「トラベルライフ」二〇〇九年三月号）

ウルグアイ

Oriental Republic of Uruguay

サッカーの聖地と世界遺産の町

南米三大河川のひとつであるラ・プラタ川を挟んで、アルゼンチンの対岸にあるのがウルグアイ。日本の半分ぐらいの面積の国で人口は約三三二万人だが、牛の数は一〇〇〇万頭を超える牧畜の国である。

ウルグアイはサッカーファンの間ではつとに有名な国だ。それは一九三〇年、第一回ワールドカップがウルグアイの首都モンテビデオで催され、しかも優勝国は小国ウルグアイだったからだ。第五回大会（ブラジル）でもウルグアイは優勝している。

その第一回ワールドカップの会場となったのが、モンテビデオのセンテナリオ・スタジアム。現在も使われていて、たまたま取材中に、国内で最も人気があるチーム、ベニャロールの試合を観戦した。この競技場にはサッカーファンなら泣いて喜ぶ、歴代のサッカー資料やお宝が展示されているサッカー博物館もある。

モンテビデオでお会いした日本大使の竹元正美氏は、「ウルグアイはストレスを感じない国ですね。モンテビデオはラ・プラタ川対岸のブエノスアイレスの喧騒と比べると、ほんとに静かな町ですよ」と語ってくれた。モンテビデオから内陸方面に三〇キロもドライブすると、自分の周りがすべて地平線という風景が広がっている。

ブエノスアイレスからラ・プラタ川を高速フェリーで渡ること一時間、古い町並みが世界遺産に登録されたコロニア・デル・サクラメント（通称コロニア）の町がある。

コロニアは一七七七年にスペインの支配下に置かれるまでは、ポルトガル領の貿易港として栄えた。岬の突端部分に旧市街（歴史地区）が広がり、マジョール広場を中心にして城壁や城門、灯台、サンフランシスコ修道院などが残されている。コロニア最大のみどころは、スペインとポルトガルの植民地時代の面影をそのまま残す街並みだ。

歴史の街を散策していると、カンドンベの太鼓の調べが聞こえてきた。石畳と青空に強烈な太鼓の音が反射する。カンドンベとは、アフリカ系住民がこの国に持ち込んだ大中小の太鼓だけのリズム中心の音楽。演奏グループはマジョール広場からラ・プラタ川に向かって行進し、暮れなずむ川に向かって最後のパフォーマンスをして解散した。狭い路地の角々に設置されたライトから、黄色の光が雨に濡れた石畳に投げかけ始められている。光の幾何学模様が潤んだり揺れたりしていた。

（「トラベルライフ」二〇〇九年三月号）

21st Annual
HONOLULU MARATHON
JAL
11516

Ⅱ 日本をめぐる

お燈祭りの神倉山境内（撮影＝荒川健一）

千四百年続く、荒ぶる火の祭り——新宮・神倉神社「お燈祭り」

お燈祭りは男の祭り

熊野川は紀伊半島の真ん中、和歌山・三重・奈良の三県にわたって流れている。新宮は熊野川の河口、和歌山県側に開けた町で、人口三万六〇〇〇人、熊野川流域の木材の集散地として発達した。早くから熊野信仰の地として全国各地から信者が集まってきた。中世には熊野水軍が活躍し、江戸時代には紀州徳川家の家老水野氏の城下町として栄えた。現在は瀞峡観光の起点、熊野三山の入口として知られている。

そんな紀伊半島の先端の町で毎年二月六日に繰り広げられるお燈《とう》祭り。白装束に荒縄を巻き、たいまつを持って山に上り、神倉山の神様に火種をもらい、急な石段を我先にと駆け降りる、という実に単純な火祭りだ。大きな山車《だし》も神輿《みこし》も登場しない。

祭りの舞台となる神倉山は市の西方にある。千穂《ち ほ》ケ峰《がみね》を主峰とする権現山《ごんげんやま》の南端に位置する標高一二〇メートルの山だ。弥生時代以来の磐座《いわくら》である、カエルの形をした大きなゴトビキ岩がご神体で、神社には高倉下命《たかくらじのみこと》が祭られている。平安の後期から江戸時代にかけて、この辺一帯は神倉聖《かみくらひじり》と呼ばれる修験者の集まる聖なる場所であったらしい。伝承によると紀元前六〇〇年代の神武天皇の東征の時、高倉下命がたいまつを持って天皇を迎えたとあるが、記録に残る最初の祭りは五七四年。そこから数えても、すでに千四百年以上も続いている由緒ある祭りなのである。

漆黒の闇、白装束、燃える赤

毎年二月の声を聞くと気分が高まってくる。その勇壮活発な火祭りに東京から参加するからだ。祭りに参加する誰もが感じるであろう高揚感が、正月を過ぎる頃からじわじわと僕の体の中で培養されていく。僕はここ十年来、東京の友人諸氏数名を引き連れて参加していて、いわば、この日は僕にとってのハレの日であり、正月なのである。

祭りに参加することを「上《あが》る」といい、参加者を「上《あが》り子《こ》」という。男であれば誰でも参加することができる。ただし条件がある。上り子は白装束に身を固め、腹に荒縄を締め、たいまつを持たなくてはいけない。その縄も三、五、七の奇数で巻く。注連縄《しめなわ》と同じである。祭り当日は、白米、豆腐、カマボコ、白身の魚など白いものしか食べてはいけない。白いものを食べることで体を清めていくのだ。新宮では、昔から上ることは一種の元服式であり、子供から大人へ脱皮するための通過儀礼であった。

衣装をつけ、白足袋をきりりと草履で固め、祈願四つを墨書したたいまつを手に取ると、神の子に変身する。僕はこの瞬間が一番好きだ。

上り子たちは神倉神社への登拝に先だって、阿須賀神社、速玉大社、神倉神社入口近くにある妙心寺の順で回るのがならわし。僕たちのグループは七名。大勢で、それでいて皆ひとりであった。幸せな感じというのが体を駆け抜けていく。

途中、上り子とすれちがうと「たのむでぇ」と、声をかけながらたいまつをカチンと軽く合わす。これが挨拶だ。このたいまつの合わせ方が悪いと、喧嘩になることもある。

石壁のようにそそりたった石段を上り切ると、そこが神倉神社の境内だ。闇の中に、ぼやっと二百坪あまりの岩だらけの神域が広がっている。ゴトビキ岩を囲むようにして、一七〇〇人もの白装束の男たちがうごめき、雄叫びを上げ、神火を待っている。白頭巾をかぶり、腹には太い荒縄の男衆。

神社の山門は夜七時過ぎに閉められた。ひしめく境内では小競り合いが始まる。暗闇の中で、全員が同じ白装束を着ているわけだから、敵か味方か皆目見当がつかない。まさに殺気、興奮のうず巻く「白」の世界である。僕のすぐ近くにいる若い衆がたいまつで殴られた。装束に赤い血が滴り落ちる。祭りを仕切る介錯《かいしゃく》という神倉青年団の猛者たちが、長い樫の棒を持って喧嘩の仲裁に入る。そこを目がけて殴りかかる上り子たち。背中に神と書かれた介錯の法被《はっぴ》が大きく波打つ。

「ごたつく奴は、いてまえ」と長老の介錯が叫んだ。僕のそばにいる東京組は緊張のあまり顔をひきつ

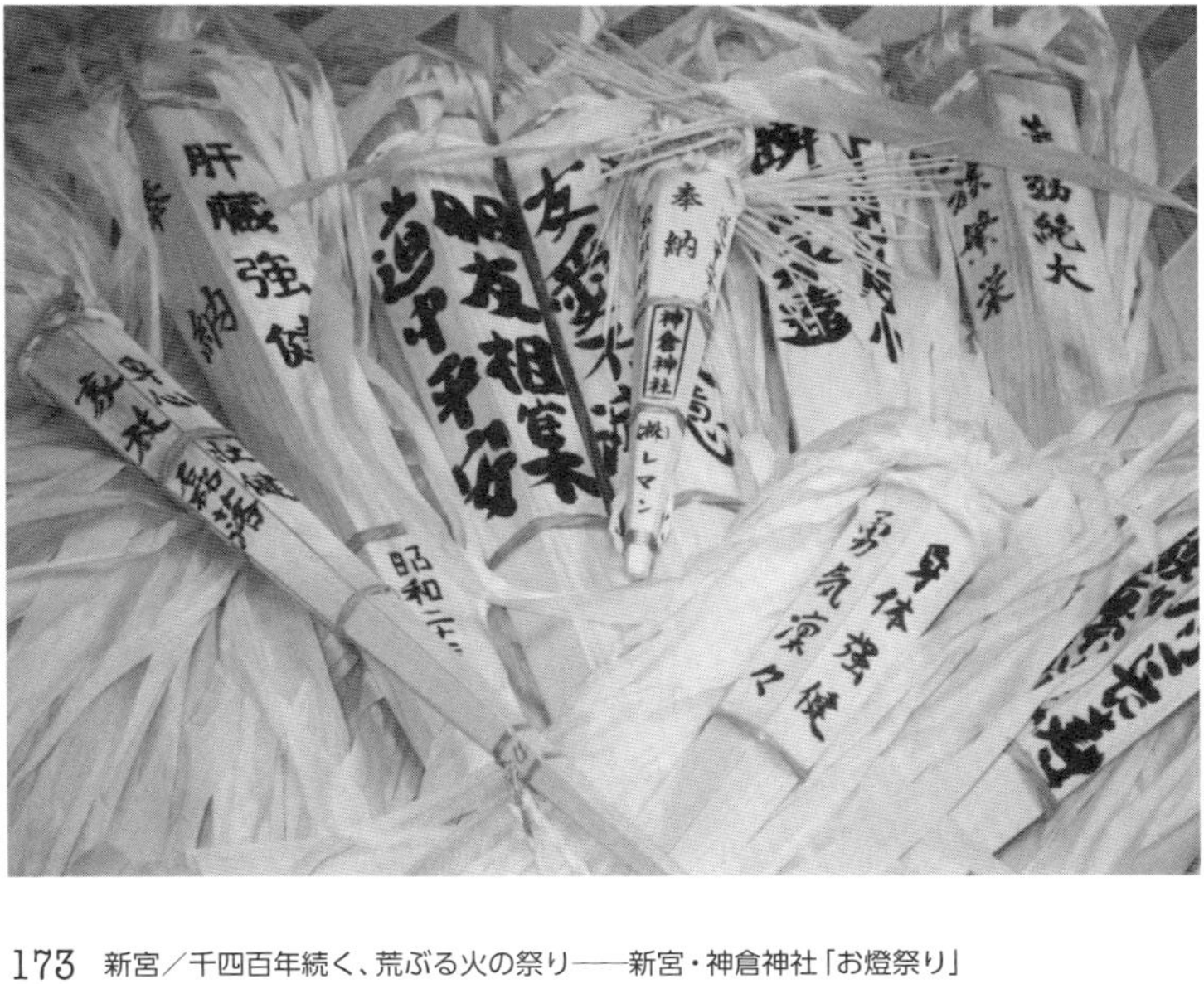
肝臓強健
奉納
神倉神社
身体強健

らせている。

山は火の滝、下り竜

「ワッショイ」の興奮した声が項点に達した頃、岩陰で神主の手によって火が起こされた。その火が各自のたいまつに分けられる。境内が一気に火に包まれる。明るさは「赤るさ」となり、装束の白、闇の黒と溶け合った。たいまつの火が生き物のように宙を漂う。一気にスポットライトが舞台に当たったような華やかさとなった。たいまつを岩に叩きつけて整える。飛び散る火の粉、身体にからみつく煙、煙たくて涙が頬を伝う。涙で境内の光景がぐわっと歪んだ。装束に黒い焼け跡がいくつもできる。隣にいる中学生の集団もしきりに涙を拭いている。まるで燻製にされているようだ。これで身体の中にある邪気が抜けていくのだ。海からこの光景を眺めると火山の溶岩のように見えることだろう。

「ワッショイ、ワッショイ」の声が大きくなる。その声は、境内の奥まったところから波になって広がっていった。煙が境内を包む。息苦しい。山門のまわりでは、先陣争いの若い衆が場所取りでハデな喧嘩をしている。

いよいよ開門だ。先頭集団は石段を飛ぶように降りていく。そのたいまつの火はゆらゆらと、ヒトダマに見えた。続いて数百の火の行進。石段が真っ赤な火の帯となった。

「山は火の滝、下り竜」と形容される、その「滝」の一滴が、僕だった。

（「YES」一九九三年三月号）

箱根

H a k o n e

インターナショナルな保養地ここにあり

日本最初のリゾートホテル

ある国の近代史と、その国を代表するホテルの歴史とは表裏一体である。パリやマドリッドのリッツ、ロンドンのサヴォイ、シンガポールのラッフルズなどのホテルは、その国の近代史を語る上で重要な役割を担っている。

箱根には、明治十一年山口仙之助によって建てられた富士屋という日本最古のリゾートホテルがある。日本のホテル史のなかでも異彩を放つホテルであるが、創設者の仙之助の経歴も波瀾万丈に富んだものだった。

仙之助は神奈川県橘樹郡大根村の出身で、十歳の時、横浜で手広く商売を営む山口粂蔵の養子となった。明治四年、二十歳の時にアメリカに渡る。我が国最初の欧米派遣特使岩倉具視氏一行が旅立った年だった。アメリカでは辛酸を味わい尽くし、三年がかりで蓄えた資金で七頭の種牛を買い入れて帰国した。アメリカでは、ゴールドラッシュの後のアメリカン・ドリームは「牛」であった。我が国でも将来は牧畜事業が盛んになると信じてのことだったが思うようにはいかず、それらを売却して慶應義塾大学に入学。塾長の福沢諭吉から国際観光の重要性を説かれた仙之助はホテル開業を決意した。

二十六歳になった仙之助は、宮ノ下五百年の伝統を誇る「藤屋旅館」を買収し、富士屋ホテルと改名し、「リゾートホテル開発」という確固とした目的を持ってオープンした。帝国ホテル創業の十三年前のことであった。横浜のクラブホテル、東京築地の精養軒、日光金谷ホテルに続く外国人専用のホテルで、仙之助は日本のために「外貨獲得」を目的にしていたのである。外国人宿泊客のなかには、日本の医学界に貢献したベルツ博士や日本語学者のチェンバレン、日本研究家アーネスト・サトウ、「怪談」でおなじみの小泉八雲ことラフカディオ・ハーンなど、そうそうたる人物が宿泊している。チェンバレンは生活の大半を富士屋で過ごし、ホテル内に自分の書庫（王堂文庫と命名）を持っていたほどだ。

山口仙之助は、経営者であると同時にホテルマンとして、料理人として、また給仕人として、外国人宿泊客にベストのサービスをした。

その後、二代目の正造と受け継がれ、ますます富士屋ホテルは発展していく。この正造は日本のホテル界を代表するホテルマンといっても過言ではないほど、日本のホテル界の発展に寄与した人物である。

そのひとつは、昭和五年にホテルマン育成のために富士屋ホテル・トレーニングスクールを創設したこと。ホテルビジネスに必要なカリキュラムを組み、十年で役目を終えるが五十一名もの有能なホテルマンを世に送り出した。

また、日本を旅行する外国人のために、日本の歴史・風俗・習慣を英文で綴った「We Japanese」を出版したりした。日本で初めてホテルにお客さんの送迎用自動車部を設置したのも正造であった。海外での宣伝効果を高めるために「万国ヒゲ倶楽部 International Mustache Club」を創設したり、外国人客もユカタを着て参加する盆踊り大会の開催など、「民間外交官」として活躍した。

明治時代の正統派フランス料理

その富士屋ホテルに明治三十二（一八九九）年の外国人向けのディナーのメニューが残されている。クリスマス用のもので、表紙には鳥居と二羽の野鳥が描かれ「Christmas Greeting 1899」書かれている。創業時のものは明治十五年の大火でほとんどのものを焼失してしまい、現存するメニューでは一番古いもの。いつもは金庫の奥深くに保管されている。

ディナーの料理は二十三種類。メニューはフランス語と英語が混じる富士屋ホテル流。現在もこの「伝統」は受け継がれている。

「フランス料理の教科書ともいうべき『エスコフィエ』の仕様にちゃんと添ったメニューですね。当時、富士屋ホテルからフランスへ料理の修業に行った者はいないので、多分、横浜に住んでいた外国人を呼んで勉強したのでしょう。初代の料理長と外国人とが一緒に写っている写真も残っていますからね」と五代目の総料理長・山野内保推さん。

その中から総料理長に十三種類を選んで再現していただいた。フレッシュ・オイスター、ポタージュ、ノルマンディー風魚料理、肥鶏のトゥルーズ風、鹿の鞍下肉のロースト、ゲームパイ（家禽のパイ）、プラム・プディング、プラムケーキなど豪華なものだ。高山植物が描かれた折り上げ天井のダイニングルーム。落ち着いた雰囲気にこれらの料理はよく似合う。

「オイスターは氷の皿の上に盛り、ポタージュはアスパラガス。魚料理は名前が書いていないので正確にはわからないんですが、多分舌ビラメだと思うんですよ。このすり身を蒸して、魚の肉で包んでホワイトソースをかけました。それに芦ノ湖でとれたワカサギの空揚げを付けてみました。プラム・プディングは作り方がわからなくて、昔のコックさん、八十歳を超えた方なんですが、その方に連絡して作り方を聞きました」

現在ではこれだけの食材を集めるのはそれほど困難ではないが、明治の初期には大変だったに違いない。

「仙之助の養父は横浜で手広く仕事をしていまして、外国人もたくさん知っていましたから食材のルートは確保していたようです」。当時、居留地での生活必需品は輸入に頼っていた。小麦粉はアメリカ、油やワイン、乾燥野菜はフランス、バターはデンマーク、羊や鳥の肉は中国産のものだった。ただし、牛肉だけは横浜で入手することができた。

交通の便が悪かった時代に食材をどのようにして運搬したのだろうか。

「創業当時は、パンや肉類などは横浜から取り寄せていたそうです。横浜から馬車便で小田原まで運び、小田原〜宮ノ下間は毎朝人夫を出して運搬させました。朝食の食卓にはいつも出来たてのパンや新鮮なミルクが用意されていたと、聞いております。また、箱根に牧場を経営したこともあります」

時代も下がってくると、横浜の肉屋が小田原に支店を出したこともあって、以前よりかは運搬が楽になった。「夏場は腐りやすいので、夜間にたいまつで照らしながら林道を運んだんでしょうね」

富士屋ホテルの「食」へのこだわりは宿泊客へのサービス徹底していた。

箱根の「国際化」のはじまり。

日本が開国に踏み切ったとき、その玄関口となったのは横浜だった。この港町には、さまざまな外国人がいた。キリスト教の布教に来た宣教師たち、一旗あげようとやって来た商人たち。初期の頃には、幕府や明治新政府によって招聘された、いわゆる「お雇い外国人」が大多数を占めていた。日本が近代欧米文化を受け入れようとした際に、これら外国人は極めて重要な存在であった。

横浜が開港された頃には、三十〜四十人の外国人しかいなかったが、その後貿易などの発展に伴って明治三年には約千人、明治九年には約千五百人の外国人が生活をしていた。国別に見ると、イギリス人が全体の四〇パーセントを占め、次いでアメリカ人が一五パーセント、ドイツ人が一〇パーセント、フランス人が八パーセントという内訳であった。十年代以降になると三千もの人数に膨れるが、これは中国人が急増したからだ。二十年代にはいるとその数は五千人を超えるようになる。ちなみに横浜の総人口は、明治二年には約三万人、五年には約五万五千人、十年には六万五千人と増加している。

これら外国人たちにとって、箱根は休日を過ごすにはもってこいの別天地のような存在であった。横浜からさほど遠くなく、奈良屋をはじめ富士屋ホテル、松坂屋など国際的なホテル・旅館があったからだ。特に夏期には避暑に来る外国人はかなりの数にのぼった。

箱根を最初に高く評価した外国人はドイツ生まれのケンペルで、長崎出島にあるオランダ商館付きの医師であった。元禄四（一六九一）年、商館長に従い長崎から江戸参府の途中箱根の山を越え、芦ノ湖と富士山の美しきを称賛している。が、箱根七湯に逗留はしていない。

西洋人湯治客第一号はフランスの貴族であるボーヴォワール伯爵で、世界一周の途中日本に立ち寄り箱根宮ノ下に足をのばしたことが資料に残っている。江戸幕府が倒れた慶應三年のことだった。彼の日記の文章から奈良屋に宿泊したと推定される。日記には「透明な湯の小さな世界のなかにいたのは六人で、かなりきれいな女性が三人、男が二人、そしてこの私」と記されている。

芦之湯を愛した外国人

箱根七湯の一つ芦之湯には創業三三四年という老舗の旅館松坂屋本店やきのくにやがあり、これらの旅館にも外国人客がよく泊まった。芦之湯は瘡毒に効果があると彼らも知っていたのだろう。松坂屋本店旧館には、明治六年建築の錦の間が今も残っている。「和風の造りですが、鴨居の高さを西洋人の背丈を考え六尺（約一・八メートル、通常は五尺八寸）にしてあります。窓に作られた白い手すりも外国人を意識したのでしょうね」と、この旅館の十二代を継ぐ松坂進さんは語る。当時、建築資材の運搬が困難だった芦之湯では木材をはじめ、すべて現地で調達した。木材は箱根の杉や楢、外壁のドイツ下見や窓枠、ろくろ挽きの手すりには横浜から取り寄せたペンキを塗り、精一杯洋風を凝らしたという。

この旅館には明治八年の宿帳が今も大切に保存されている。外国人宿泊客が載っている宿帳では箱根で一番古いものだ。期間は六月一日から九月十日まで。横浜からこの涼しい芦之湯に避暑に来たのである。宿帳には、米利堅人と記したアメリカ人の他、四十九名の外国人の名前が書き込まれ、一番多い国籍がイギリスで二十二名、続いてフランス十二名、アメリカ五名、スイス、ドイツと続く。

「調べてみると、イギリスの海軍省の軍人や灯台の専門家、あるいはフランスの郵政の専門家です。つまり、四十九人のうちの十名が「お雇い外国人」と判明しているんですよ。明治十四年から三十二年にかけてドイツ人医師ベルツ博士もよく見えてます。ほとんど一泊ですが、十一回も宿泊されていますね」

明治十五年の宿帳には八十五人の外国人（内女性四名）、明治二十六年には、一七〇名（内女性二十二名）と、横浜外国人居留地の人口増加に伴い外国人の温泉湯治客も増えていることがうかがわれる。「十五年はイギリス人が過半数で、職業を見ると海軍士官が多いんですが、二十六年の宿帳では清国の人が多くなり、続いてイギリス人、フランス人の順です。職業も圧倒的に商人が多くなりますね」

当時、横浜から箱根までどのくらいの時間がかかったのだろうか。松坂さんに質問してみると、明治二十四年の手紙のコピーを持ってきてくれた。これは横浜で絹糸を扱っていたN・P・キングドンというイギリス人がロンドンに住む兄に宛てたもので、道中を詳しく述べている。横浜から国府津まで鉄道で二時間、そこから箱根湯本まで馬車鉄道で一時間三〇分、湯本から芦之湯までチェアで二時間三十分、つまり約六時間の行程である。チェアとは椅子に棒をくくりつけたような神輿のような乗り物で四人がかりで担いだ。明治十八年の登場で外国人客に喜ばれた。「このキングドンという方は、芦之湯がよほど気に入ったとみえて、私どもの宿帳に残っているだけで十五回も来ているんです。片道六時間もかかるのに、二回も宿泊している月があるんですよ」

また、松坂屋本店には、明治四十三年の「会計簿」というものも残っている。当時の金銭出納帳なのだが、食事のメニューも記されている。耳から聞いた英語をそのまま書き留めているので興味深い。ケチン・ナポリテン、マヨナイス・ソース、ハンバグ・ビーフ、スクランブル・エッド、ビーフ・カツ、ロール・ビーフ、カヒーなどなど。箱根の奥まった温泉宿で「洋食」に舌鼓を打つ外国人、彼らを接待する地元の人々。明治の時代にこんな山の中で、洋食が食べられたということだけでも驚きである。

様々な旅館が時代を引っ張る

横浜の居留地に住む外国人が避暑を兼ねて「箱根詣」をするようになり、箱根は文明開化の波をいち早く受けとめた。それらのシンボルが擬洋風旅館や洋風ホテルであったり、全国にさきがけて開設された電話であったり、郵便局であったりした。

明治二十四年には、富士屋ホテルの全館に電灯が点った。横浜のバグネル・アンド・ヒル社により四十五馬力の火力発電を購入、箱根山に点った最初の文明の光であった。その前年、横浜のグランドホテルが自家発電機を購入したという記録が残っているが、まさに箱根は時代の先端を走っていたのである。

「箱根の近代化が速かったのは、昔の宿屋のおやじさんたちが立派だったことね。富士屋の山口仙之助、奈良屋の安藤兵治、福住旅館の福住正兄などホテルの創業者は先見の明を持っていましたね。箱根に郵便局が四つあったのですが、その内の三つがホテル構内に設置されたんですからね」と松坂さんは力説する。

「仙之助が箱根に来なければ箱根の近代化は間違いなく遅れていたと思いますよ」

（「るるぶ情報版　泊まってみたい宿　箱根」一九九六年八月一日発行）

こんなに美しい風景があったのか

五能線は、青森と秋田の両県にまたがって走る一四七・二キロの路線である。津軽富士と呼ばれる岩《いわ》木山《きさん》（標高一六二五メートル）の神々《こうごう》しさ、津軽平野の雄大さ、奇岩怪石が続く海岸美、日本海の海の幸を堪能できる日本有数の《贅沢《ぜいたく》》ローカル線。平成二年からは、眺望列車「ノスタルジックビュートレイン」、がこの路線に登場し、ますます人気を集めるようになった。

五能線の終点（起点）である青森県・川部駅から九時十一分弘前発の眺望列車の客となった。一般車両二両の後部に眺望車が連結されている。窓の上部がオレンジ・イエロー、下部は焦げ茶色を基調としたシックな外観といい、車内の天然木を使った座席、天井の白熱灯とクラシックな扇風機といい、全体がレトロ調に統一されている。かつて一世を風靡《ふうび》した特急「つばめ」や「はと」と同じように眺望デッキがあるのがうれしい。

さまざまな表情を見せる岩木山

川部駅を出発し、リンゴ畑のなかを走ること約二十分で鶴泊《つるどまり》駅到着。ログハウス風の駅舎には玄関があり、一見普通の住宅のようである。この駅を委託されているのは米穀商を営む神成さんご夫婦。もう十二年になる。

「五年前の新築のあと、居酒屋と間違えたお客さまがいましたよ」とご主人は笑いながら話してくれた。ホームの脇には、よく整備された花壇と金鶏鳥《きんけいちょう》やチャボの小屋があり、ほのぼのとした雰囲気が漂っている。

「じっちゃ、元気」の車掌の声に、神成さんは笑顔で返した。

列車がゆっくり動きだした。田んぼの向こうには岩木山がそびえている。さっそく眺望デッキに出て津軽富士を仰ぐ。頂上の残雪が威厳を感じさせながら、稜線のなだらかさが優しさを生む。岩木山から吹いてくる風が、体を包む。空気に爽やかな薫《かお》りがあった。広大な津軽平野のなか、まっすぐに延びた線路は、どんどん後方に流れていく。列車と一体となった感じが気持ちいい。

五所川原《ごしょがわら》を経由し、わが眺望列車は田園地帯のなかを気持ちよく走る。岩木川を越えて木造《きづくり》駅に到着。驚いたのは、駅舎正前に十六メートルもの「遮光器土偶《しゃこうきどぐう》」があり、にらみをきかせていたことだ。

「日本のユニークな駅舎コンテスト」があれば、上位に入るに違いない。「遮光器土偶」といえば、サングラスをかけたような目が特徴の縄文土器。「他の天体から来た宇宙人を模したもの」という説をはじめ、いろいろな説がある。その土偶が出土した亀ケ岡遺跡が近くにあり、町のキャッチフレーズは「縄文の里」。それにあやかろうと、町の玄関口である駅舎に土偶を作った。列車が着くたびに土偶の目がピカピカ光るという凝りようだ。

進行方向左手に見える岩木山の上には竜のような雲が現れた。大きな車窓にすっぽり納まった津軽富士は、一枚の絵のようだ。頂上をよく見ていると、とんがり部分の形が微妙に変化しているのに気づいた。列車は岩木山を軸にして、時計の針と反対方向に回っており、動きにつれて岩木山の山容が微妙に変化していく。太宰治は『津軽』のなかで、木造から見た岩木山は、故郷の金木町から見るのと同じくらい華奢《きやしゃ》で、すこぶる美人に見えると書いている。地元の人の話では、津軽の人は自分の町から見える津軽富士が一番美しい、と言ってきかないそうだ。

鳴沢《なるさわ》の駅を過ぎると、岩木山が手前の山に隠れて見えなくなる。と、進行右側にぱあっと日本海が広がる抜群のタイミング。埼玉県の行田市《ぎょうだし》から来たというおばあちゃんのグループが海を見ようと、どどっと席を移動した。まもなく鯵ケ沢《あじがさわ》駅に到着。駅前には「ケッパレ！　わが町出身、舞の海関」の横断幕が張られていた。場所中には、駅前や町役場に《舞の海関》と書かれた大きな幟《のぼり》が五〜六本立ち並び、関取が勝つと、町中にドカンと花火が打ち上げられるという。

五能線の風景（撮影＝荒川健一）

奇岩が招く、怪石が招く

鯵ヶ沢を離れると、海岸には美しい岩が多くなってくる。中世のヨーロッパの騎士がかぶっている、兜《かぶと》のような岩が見えたと思ったら千畳敷《せんじょうじき》駅。目の前には雄大な千畳敷海岸が広がっている。この海岸は、一七九二年の大地震で地盤が二メートルも隆起し、水面に現れた海底が海水によって浸食されたもの。江戸時代に津軽藩主が視察にみえた際、ここに千畳の畳を敷いて宴を催したことから千畳敷と呼ばれている。

この千畳敷から格幅のいいおじさんが乗り込んできた。「みなさん、ようこそ五能線へ」とお客さんに挨拶をしている。「お客さんはご遠方からですか？　海岸線きれいでしょ。特に広戸《ひろと》を過ぎたら風景に注意してくださいよ。ここから岩の色が赤く変わっていきますから、うむ」とフルムーンらしきカップルにガイドをし始めた。この方が《千畳敷駅長》として地元では有名な金沢隆信さん。千畳敷駅前にある望洋館という民宿のご主人である。「駅のホームに落ちている空き缶などを拾ったり、津軽弁、でガイドしているうちにサ、うむ、自称駅長になっちまった、ワハハ」と威勢がいい。

「聞いた話によると、日本には千畳敷と名がつくところが五カ所あるんだってな。ここの千畳敷が一番大きいんだそうだ。わだすは、ここには千枚どころか四万五千枚ぐらい畳が敷けるんじゃないかと思うんだけんど」

郵便局が同居しているという珍しい駅・大戸瀬《おおどせ》、日本有数の珍名駅「驫木」を通過。「驫木」は「とどろき」と読むのだが、「馬」が三つあるので「いななき」と読んでしまいそうだ。「とどろき」は普通、「轟」と「車」が三つ。現在の乗り物は、馬から車に変わったから、このように書くのだろうか。美しい磯の風景が続く。眺望デッキから、景色が変わるたびに「きれいやなあ、ええなあ」の声がガタンゴトンという列車の音に交じって聞こえてくる。恐山《おそれざん》に行ってきたという大阪の女子大生二人組の声だ。

《自称駅長》に教えてもらったように、広戸を過ぎるころから海岸に精神を集中。赤茶けた岩が点在する海岸が迫ってきた。行合崎《ゆきあいざき》だ。岩だけを見れば西部劇に出てくる砂漠のなかの岩のようでもある。

「お客さん、すごいんだよ、この辺の夕日は。いつ誰が言い出したかわからないんだけんど、『おらこの夕日だっきゃ、沈《すず》むときぃ、ジュッと音《おど》がする』ってね。これ、ほんとなのだよ。ワハハ」

河岸段丘の坂を上りきると深浦《ふかうら》です、のアナウンスがあった。到着は十一時五十分だった。

深浦はノスタルジックビュートレインの上下列車がすれ違い停車する唯一の駅。反対から来る東能代《ひがしのしろ》発の列車は十一時五十四分に到着し、両列車とも十二時十分に出発する。二十分の停車なので、ホームに降りて眺望デッキの写真を撮る人、キヨスクに《昼食》を買いに走る人もいる。反対側から来たノスタルジックのお客さんと談笑する風景も見られる。われわれは日本海に沈む夕日を眺めたいので、いったん下車して、次のノスタルジックビュートレインの出発（十七時四十五分）まで、この町の周辺を散策することにした。

かつて深浦は、北前船の風待ち港として大いに賑《にぎ》わった町だ。駅より徒歩二十分のところに円覚寺《えんがくじ》があり、この寺の寺宝館には、北前船の船主たちが航海安全を祈願して奉納した船絵馬や、自分のチョンマゲを切って板に結わえつけた絵馬「髷額《まげがく》」が陳列されていた。髷額は、大シケのとき、船頭や水夫《かこ》が自らの髷を切って神様に祈り、無事港に帰り着いたときにお礼参りに奉納されたものという。円覚寺の柱や壁は潮風にさらされて白い粉を吹いていた。往時の残り香が漂ってくるようだ。

海に沈む夕日の音が聞こえた

さて、深浦から再び十七時四十五分発のノスタルジックビュートレインに乗った。進行右手には美しい海が広がっている。海岸にそった草原には牛が放牧されていた。千枚田のような階段状の田んぼの向こうに、海がゆっくりと波を寄せている。二艘の漁船の影が目に入った。貨車を改造して駅舎にした松神《まつかみ》駅、大間越《おおまごし》駅を過ぎる辺りから、夕焼けが始まった。

奇岩怪石の続く海岸の向こうに、よく磨かれた銅貨のような太陽。岩と岩の間の海面がスポットライトを浴びたようにそこだけ輝いている。やがて赤い玉は水平線に湧《わ》いた紫色の雲と重なり、まるで地球儀のような模様を見せる。その周辺に浮かぶ帯のように長くつながった雲は、オレンジ色に燃え出した。列車の広い窓が真っ赤に染まる。乗客は黙ってこの神々《こうごう》しい瞬間を逃すまいと、ちょっと緊張した面持ちで海をにらんでいる。列車は青森県に別れを告げ、秋田県に入った。太陽が下から引っ張られるようにグイグイと水平線に近づいていく。海に触れた瞬間、確かに「ジュッ」と音がしたような気がした。と同時に、まわりの明るさは海に吸い込まれていった。

秋田県との県境を越え岩館を過ぎるころから、人家にはポツンポツンと灯がまたたき始めた。ハタハタで有名な八森を通過し、米代川を渡り終点の東能代に到着。ダイナミックな日本海と岩木山の美しい眺め、そして風が運んでくる自然の薫《かお》りを、たっぷり味わった旅だった。

（「トランヴェール」一九九三年八月号）

田沢湖線

Tazawakosen

緑よし紅葉よし、雪もまたよし

NHKテレビの大河ドラマ「炎立《ほむら》つ」の放映で一躍クローズアップされた岩手県。その県庁所在地である盛岡から田沢湖を経由して大曲《おおまがり》（秋田県）に通じているのが田沢湖線である。走行距離は七五・六キロと短い路線であるが、諸事情により、全線が開通したのは昭和四十一年だった。すでに明治四十四年に仙岩鉄道の名前で予定線に組み込まれていたのだが、関東大震災のあおりや同線の推進者だった原敬首相の急死、そして戦争などで工事は再開・中止の繰り返しで、開通は遅れに遅れた。奥羽山脈を貫く仙岩トンネル（三九一五メートル）も難工事であった。かつて部分的に開通していたころは、盛曲線とか橋場線、生保内《おぼない》線、大曲線などと呼ばれ、全線開通して田沢湖線に落着いたのはほんの二十七年前（昭和四十一年）だ。それに伴い、これまで生保内線の終着駅だった生保内駅は田沢湖駅と呼び名が変わった。

のどかな、のどかな、小岩井農場

さて十一時五十八分、赤渕《あかふち》（田沢湖のひとつ手前の駅）行き普通列車に乗る。隣の席には四名のおばさんグループがはしゃいでいる。言葉の響きから判断して愛知県あたりから来たのかな。久しぶりに旅に出てうれしいわ、という思いが声の高さやオーバーな動作の中に表れている。

盛岡駅の八番線ホームをゆっくりと離れた列車は東北線とすぐ分かれる。左手には国道四十六号線が走っている。右手に美しい、山が見える。「ありゃあ、岩手山だぎゃぁ、ものすごうきれいだわ！」と隣のおばさんが言うと、別の人が「岩手県で一番高い山だと書いとるわ。南部富士と呼ばれて、標高は二〇三八メートルもあるんだって」とガイトブックを読み上げる。列車の旅の楽しみのひとつは、刻々と変化していく車窓風景だろう。特に山は風景にアクセントを与えてくれるありがたい存在だ。五能線の岩木山といい、この岩手山といい、東北には美しい山が多い。

東北自動車道をくぐり、水田地帯の向こうにそびえる美しい姿をぼんやり眺めていると最初の駅、大釜《おおかま》へ到着してしまった。さらに水田地帯を走ると小岩井だ。さすが名だたる観光地である。ここでお客さんはほとんど降りてしまう。四人組も張り切ってホームへと降り立った。我々も途中下車して小岩井農場へと向かった。

小岩井農場は小岩井駅から岩手山のほうへ向かって四キロのところにあり、面積は二六〇〇ヘクタール（南北に約十三キロもある）日本で唯一、最大の民間総合農場である。岩手山を背景にのんびりと草を食む白黒まだらのホルスタイン種。カラマツ林の中に見え隠れする赤い牛舎やサイロ。まさに「のどかさ」を絵に描いたような光景が眼前に広がっている。

小岩井という名前の起こりは創業者である小野義真、岩崎弥之助、井上勝の三氏の頭文字をとって付けられたものだ。広大な農場内には、羊館をはじめモーモー広場、牧場館などが点在し、乳製品の工場見学やアーチェリー、乗馬なども楽しめるようになっている。今年の四月には「まきば天文台」が新設された。また、鉄道マニアに人気のＳＬホテルも農場内にある。昭和十二年に製造されたＤ51―68機関車にナロネ21型特急Ａ寝台を連結したものだ。宿泊料金は二千五百円と安い。

辰子は竜になった

小岩井駅に戻り、十四時六分発の列車に再び乗った。雫石《しずくいし》を通過し春木場《はるきば》を過ぎたあたりから岩手山は見えなくなってしまった。森や林や田や畑が後ろへ後ろへと飛んでいく。国道四十六号線は国見峠へと迂回するのでしばらくは顔を合わさない。赤渕から田沢湖までの駅間の距離は一八・一キロもあり、新幹線を別にすると日本で二番目に長い区間だという。

いくつかのトンネルをくぐる。豪雪除けのシェルターに挟まれている大地沢信号場の先が仙岩トンネルだった。窓の隙間から入ってくる冷気が頬を撫でていく。トンネルを抜けると秋田県だ。生保内川に沿ってさらに下っていく。清流が運んできたのか、車内には森の香りがした。サッカー場、続いて野球グラウンド、そしてテニスコートが右手に見えたと思ったら田沢湖駅だった。

田沢湖駅といっても駅の前がすぐ湖ではない。大森山、八森山の向こう側にあるので、駅前から国道三四一号線を北上し、玉川を渡って西に進まなければならない。田沢湖は周囲二〇キロほどでそれほど大きくないのだが、有名なのはその深さ。水深四二三・四メートルもあり、もちろん日本一、世界でも十七番目に深い湖である。秋田のドンパン節の一節に「自慢コ言うなら負けないぞ　米コが本場で酒本場　秋田のフキなら日本一」とあるが、自慢好きの秋田人がもうひとつ胸を張るのがこの湖である。

田沢湖は辰子姫《たつこひめ》の伝説でも有名だ。辰子は、永遠の若さと美貌を保ちたいと大蔵観音にずっと願をかけていた。ある時「北に湧く泉の水を飲めば、願いはかなうであろう」というお告げがあり、辰子は深い森に分け入り、清い泉の水をたくさん飲んだ。気が付くと彼女は大きな竜に変身、湖の奥深く沈んでいった。そして田沢湖の主となった。一方、辰子の帰りを案じた母親は、田沢湖のほとりで竜になった娘のことを知り、たいまつにした木の尻（薪）を湖面に投げ捨てると魚になって泳いでいった。それが後にクニマスと呼ばれ、田沢湖にしか生息しない「木の尻鱒」になったという。そのクニマスは昭和十四年、上流の玉川温泉の酸性の強い水が流れ込み死滅した。また、辰子姫のたたりがあると信じられていて、水深が測られたのは明治四十二年になってからだという。

鉄道が敷けて、嫁が来た

翌朝、田沢湖を九時十六分に出る普通列車に乗る。角館街道が右や左に現れながら刺巻《さしまき》を過ぎると、街道を二人の競輪選手がお尻を左右に振りながら走っている。雲が切れて太陽が顔を出した。選手の赤と黄色のハデなユニホームがより鮮やかに輝いた。神代《じんだい》の駅でお年寄り夫婦が降りた。多分、抱返り渓《だきかえ》谷の中にある夏瀬《なつせ》温泉に行く観光客なんだろう。

ここには民族歌舞団わらび座があり、今年で創設四十年目。八百人収容の劇場や宿泊施設、温泉もある。角館《かくのだて》に近づくと右方向から第三セクターの秋田内陸縦貫鉄道が現れた。こちらの駅のホームには「祝日本初の女性運転士誕生」の看板が立っていた。

玉川と檜木内《ひのきない》川の合流地点に開けた角館。その町の原形はこの地方を支配していた芦名義勝によって造られ、その後は佐竹北家の城下町として発展した。《火除け》を境に北側は武家の住む内町、南側は商人の住む外町に分けて造られた町は今も三百七十年前の形をほぼとどめている。黒塀に囲まれた青柳家、石黒家、河原田家などの武家屋敷一帯は、まさに「みちのくの小京都」のたたずまいを見せ、山桜の皮を使った樺細工《かばざいく》など伝統文化が静かに息づいている。この町で特に有名なのが、この武家屋敷の枝垂桜《しだれざくら》と檜木内川の桜並木だ。

この武家屋敷が並ぶ通りを取材していると、犬を連れて散歩している品のいいおじいちゃんと出会った。話をうかがうと、まるで角館の生き字引のような人だった。この翁は滑川昌三さんといい、お年はなんと九十六歳。スベスベした顔立ち、まっすぐに伸びた背中、はっきりとした口調、記憶力……どれをとっても二十歳は若く感じる。「私は、中学は東京の立教に行きました。築地に校舎があったころです。そのころ父親は角館に初めて輸入された自転車に乗っていました。私も角館に帰ってくる度に、蔵の中で乗る練習をしたもんです」。滑川家はなかなかハイカラな一家だったようだ。「テニスも、うちが角館で最初だったな。秋田市の木内百貨店でボールとラケットを買ってきた」。屋敷にコートがあり、兄弟でチームを組み、隣村まで遠征もしたそうだ。弓矢クラブを作ったり、スキーを外国から来たインストラクターに習ったりもしたという。「角館に初めて列車が開通した時、あれは大正十年でなかったかな、その列車に乗って嫁が横手からやって来た。汽車がなかったら、嫁さんは来なかった。ワハハハ」。かつてのモダンボーイの話は、そのまま角館の現代史である。

　角館から大曲へ。列車は水田地帯を気持ちよく走る。「美人を育てる秋田米」の看板があったりする。この辺りは米どころ秋田の中でも有数の穀倉地帯で「あきたこまち」の産地として知られている。急勾配の屋根の家々の向こうに見える恐竜の背のような奥羽山脈の山並みは、下の方から淡い灰色のグラデーションとなり、山の上にたなびく細い雲は雪のようだ。田んぼで働くおじいちゃんの帽子のマークまで判別できそうな近さを走る。羽後長野《うごながの》を過ぎると国道一〇五号線が右に向かってクロスする。鑓見《やりみ》内《ない》、羽後四《うごよ》ツ屋《や》に止まり、北大曲を過ぎて直進すると奥羽線の線路が見えてくる。もうすぐ大曲だ。二番ホームの改札口のそばには「田沢湖線終着駅」の表示があり「花火と人情と酒の町」のキャッチフレーズもあった。駅前広場には大きな花火のシンボルタワーが。毎年八月の第四土曜日には、全国花火競技大会が催される。「競技大会」と銘打っているのは、全国から選抜された花火師がアイデアや演出を凝らしその技術を競うからだ。駅前の繁華街を歩くと、酒屋の店先には「吟醸酒　尺玉」が並べられていた。さすが花火の町である。

（「トランヴェール」一九九三年十月号）

参考資料『あきた雑学ノート』（無明舎出版）

一九九四年の銀河鉄道に乗って

「気がついてみると、さっきから、ごとごとごとごと、ジョバンニの乗っている小さな列車が走りつづけていたのでした。ほんとうにジョバンニは、夜の軽便鉄道の、小さな黄いろの電燈のならんだ車室に、窓から外を見ながらすわっていたのです」（宮沢賢治『銀河鉄道の夜』岩波文庫版より）

この童話を書くときに、賢治がモデルとしたのは岩手軽便鉄道だったという。時速十五キロでトコトコと走るトロッコのような汽車。それを彼は銀河を疾走する《宇宙列車》に変えてしまったのだ。この軽便鉄道は賢治が十七歳の時に開通、大正から昭和にかけて花巻～仙人峠間六五・四キロを走っていたものだ。昭和十一年に国有化され、昭和二十五年にその先の仙人峠～釜石間が開通、花巻と釜石の間（九〇・二キロ）がつながり、釜石線となったのである。

賢治のイメージの原風景

花巻を十三時三十六分に出る釜石行きの普通列車に乗った。一番線から出発してすぐに東北線から分かれ、右に大きく曲がる。花巻市街が後ろに遠ざかっていく。似内《にたない》の手前で、賢治が名付けたイギリス海岸近くを通る。列車からはわかりにくいが、この《海岸》は猿ヶ石川と北上川が合流する西岸にあり、賢治がよく散歩したというところだ。白亜紀の泥炭が露出し、イギリスのドーバー海峡に似ていることから命名したという。

次の新花巻で東北新幹線と接続する。駅舎の半ドーム形屋根は、宮沢賢治の銀河宇宙をイメージしていると聞いた。「銀河鉄道の夜」をモチーフにしたレリーフもあった。

宮沢賢治記念館に行くことにした。館内は、賢治の深遠な思想を、環境・信仰・科学・芸術・農村・総合・資料の七部門に分けて展示している。すばらしいのは、ビジュアル的に賢治の全体像に近付こうとしたことだ。たとえば、彼の作品に登場するケンタウロス座、マゼラン星雲は、それが書かれた生原稿と一緒に、星座の写真を飾っている。館内には小さな天体ドームもあった。「銀河鉄道の夜」の原稿は書き込みが多く、推敲に推敲を重ねた跡が見える。彼の愛用した十一冊の手帳も興味深い。その一冊には「雨ニモマケズ……」の詩が書かれていた。手紙や水彩画、イギリス海岸で発見したバタグルミの標本もあった。

奥のウインドーには、彼が愛用したセロ、蓄音機、レコード、メトロノームとともに、四本刃の鍬も置かれていた。これは、農村の改良と農業芸術の振興を願って、レコードコンサートや楽器の練習会を開いた羅須地人《らすちじん》協会時代のもの。一見ミスマッチと思われるこの展示物に、「どうか人々が明るく生きていくことができますように」という賢治のメッセージが込められているような気がした。入館料わずか二百円で賢治の心と出合える場所である。

新花巻から再び列車の人となる。次の駅は土沢。この町にも誇るものがある。日本近代美術の先駆者であり、日本の野獣派と呼ばれる萬鉄五郎《よろずてつごろう》はこの地で生まれ、彼の立派な記念美術館が建てられている。そして、八十余年の歴史を誇る毛織物のホームスパン。ホームスパンとは「家庭で糸を紡ぐ」の意味。手染め、手紡ぎ、手織りによる素朴な毛織物。パリコレに出品する超有名デザイナーからの注文もあるという。おしゃれなジャケット、マフラー、ネクタイなど、手のぬくもりが伝わってくる品が多かった。

土沢を出た列車は、旧釜石街道（現在の国道二八三号線）と猿ヶ石川を眺めながら走る。コットン、コットンという心地よい音を聞きつつ晴山《はるやま》、岩根橋を通過。駅を出ると、めがね橋を渡った。この橋の四個のアーチの向こうには、緑の森が広がっている。木が風に、ザワザワと揺れている。軽便鉄道時代の雰囲気を色濃く残しているところだ。

夏の夜空、南北に流れる天の川と猿ヶ石川にはさまれる形で、この橋を渡るおもちゃのような軽便鉄道。時間の中をホタルの光のように走るシーンをヒントに賢治は「銀河鉄道の夜」を書いたといわれている。夜、このめがね橋を遠くから眺めることができた。ボーッと輝きながらコトコトと走る釜石線。

銀河鉄道はこの橋からそのまま宇宙へ飛翔していったのだ、という《説》を信じたくなった。

遠野物語の里を行く

岩根橋から猿ヶ石川に沿って下っていく。赤、青、茶色の家並みが現れた。宮守だった。左に町の家並み、左右に首を振り、車体をギシギシ鳴らしながら、二五パーミルの急勾配を山肌を巻くように上っていく。かやぶきの家一軒を確認。車窓には段々畑がいっぱいに広がっている。柏木平の手前で、猿ヶ石川と再び対する。鱒沢付近の流れのあちこちに梁場《やなば》があった。とりわけ鮎が有名なところだ。線路がなだらかになり、遠野盆地に入った。

岩手二日町の周辺には、山と山との間にL字形の曲り家が点在している。出っ張ったところが馬小屋だ。人が馬の様子を気遣いつつ、木枯らしが吹き抜ける冬をじっと我慢し、来たる春を待ち続けたのである。南部馬と岩手の人々との深い結び付きがよくわかる家の造りだ。この周辺は、秋にはリンゴ畑が美しいという。市街地が見え、列車は遠野駅のホームに滑り込んだ。右手には、軽便鉄道時代をほうふつさせるSLクラウス17号が見えた。

遠野駅舎は昭和二十五年、L形ブロックを使って建てられたクラシックな建物。建築学的にも貴重なものだという。さっそく、遠野駅の原田良雄駅長に話を聞いた。「将来、耐火建築の時代が来るということで開発されたのが、このL形ブロックなんです。しかし、費用がかかり過ぎるということで、作られなくなりました。文化遺産的な存在なので、外観は改造することができないんですよ」

遠野は、柳田国男の『遠野物語』の舞台としてあまりにも有名。遠野に住む友人の佐々木喜善から民話を収集し、一冊の本にまとめたものだ。町のあちこちには、当時の面影がまだ残っている。

「遠野市は東京二十三区がすっぽり入って、まだ余りあるくらい広いんですよ。観光スポットもたくさんあります。南部曲り家が保存されている千葉家、伝承園、カッパ淵、遠野七観音、五百羅漢などですね。若い人たちはレンタサイクルで回っているようです」

一年の半分以上は暗い雪雲に覆われているという遠野。別名「風の町」とも呼ばれ、《雪女》や《寒戸の婆さま》が住むのには絶好の地だ。「これからは、冬場にもたくさんのお客さまに来てもらいたいですね」と原田駅長。

仙人峠を越えて海へ

翌朝、遠野駅六時四十分発の釜石へ向かう始発列車に乗った。朝もやが田園地帯を覆っている。いかにも、ザシキワラ

遠野にて（撮影＝中山銀士）

シヤオシラサマの故郷といった感じの風景だ。かつてこの列車は、釜石の橋上市場に山の幸を運び、帰りに海の幸を仕入れてくるかつぎ屋のおばさんでにぎわったというが、最近は減り、この日はふたりしかいなかった。通学の高校生が圧倒的だ。

平倉を過ぎると、上りが始まった。風景は田園地帯から高原へと変わる。列車はさらに上り、山の中へと進み足ヶ瀬を過ぎる。すぐ、足ヶ瀬トンネルに突入した。釜石線が全通するまでは、海岸側と山間部は仙人峠でさえぎられていた。釜石方面に行くには峠を一時間半も歩き、釜石軽便鉄道に乗り換えなければならなかった。荷物は山から山へ渡したロープウェーで運ばれ、途中、カラスに荷物をつつかれる被害も多かったという。その足ヶ瀬駅は、海抜四七二メートルに位置している。

四個目のトンネルをくぐり、上有住《かみありす》へ到着。トンネルの合間から山並みが見える。釜石線でもっとも長い土倉トンネル（二九七五メートル）を抜けると、一気に下りとなった。ここから陸中大橋へのヘアピンカーブは、釜石線の最大のハイライトだ。右窓のはるか下方に、これから通るレールが見えた。一八〇度回転して、下方に見えた駅に着いた。

谷底に下りた列車は右手の甲子川に沿って進み、松倉を過ぎる。ここは日本選手権で七連覇の大記録を打ち立てた社会人ラグビーの名門、新日鉄釜石のホームグラウンドがあるところだ。その後の低迷ぎみのシーズンを脱しつつあり、市民の期待も再び高まっている。右手に新日鉄釜石工場が見え、列車は釜石駅三番線に到着した。

（「トランヴェール」一九九四年九月号）

宝探しは終らない――恐竜化石にとりつかれた男たち

フタバスズキリュウの発見者・鈴木直さん
「発見したときは、興奮したというより冷めていました」

昭和四十三（一九六八）年、いわき市内の双葉層群から首長竜の化石が見つかった。川の浸食によって首の部分は失われていたが、胸骨、脊椎骨、骨盤など主な骨格はそろっているという良好な保存状態で出土した。これだけまとまった化石は珍しい、と研究者の間でも評判になった。

発見者は当時、平工業高校二年生だった鈴木直《ただし》さん。子どものころから「石マニアの直くん」と呼ばれた化石少年だった。発見された首長竜は、産出した地層名と鈴木さんの名前をとってフタバスズキリュウと命名された。この海に棲む大型の爬虫類は、恐竜と同じ中生代白亜紀に生きていた。骨格から推測すると体長六・五メートル。腰から両ひれを広げたときの大きさは三メートルもあった。両ひれで空を飛ぶように海を泳いだのだろう。この発見を契機に、日本のあちこちで化石探しが始まり、やがてモシリュウ、ミフネリュウ、サンチュウリュウ、カガリュウなどの恐竜の化石が発見された。

「首長竜の化石を発見したのは大久川上流の川岸の層で、子どものころからその周辺でよく化石の採集をしていたんです。一・五メートルの茶色の層を掘っていくと、最初、椎骨が出たんですよ。骨の化石は植物の化石とよく似ているので当初、骨格の一部とは思わなかったですね」と直さん。高校時代、地元の磐城高校の先生が著した『阿武隈山地東縁のおいたち』や、双葉層群について書かれた東京大学の紀要「徳永・清水論文」を読んでいた彼は、首長竜の化石は出ると確信していたという。

「発見したときは、興奮したというより、けっこう冷めていましたね。自分では手に負えねえなあ、どうしようか、というのが本音でしたね」

現在、直さんは、いわき市教育文化事業団に勤務し、古生物の化石の収集やレプリカを作ったりしている。最近は、首長竜の化石と同じ層からよく出土する、サメの歯について研究しているという。一昨年は恐竜の発掘メンバーに加わり、モンゴルに出かけた。

「モンゴルや中国は恐竜の化石の宝庫ですが、大陸の地層なので、海成層から出るアンモナイトのような、時代を確認できる標準化石が出にくい。その点、日本は、海成層の地層に囲まれていますので、恐竜の化石が出ると時代を特定できます。この環境が世界の恐竜研究に貢献できる最大のメリットでしょう」

帰り際、『のび太の恐竜』というドラえもんの映画を見たことがありますか、と聞かれた。あのアニメの中に出ていた海竜、ピー助、が、フタバスズキリュウだということをそのとき、初めて知った。

ヒサノハマリュウなどの発見者・鈴木千里さん
「出るべくして出た、という感じが強いですね」

鈴木千里《ちさと》さんは、常磐線の四ツ倉駅の近くで製麺業を営んでいる。いわきから北に向かって二つ先の駅だ。自宅兼工場から歩いて二分のところに小さなビルがあり、一階はそうめんやうどんの製品の倉庫、二階が彼の化石研究室である。八畳ほどの研究室には、高さ二メートル大の陳列ケースが二つあり、自分で掘った化石や資料が所狭しと並んでいた。英文の研究書も図鑑類の間からのぞいている。

その中に、彼が家宝としている「徳永・清水論文」があった。これは正式には『いわき双葉地方の白亜紀層とその化石』というタイトル（原文は英文）で、化石の産地には印が付き、詳しい紹介がなされている。この論文は、前出の鈴木直さんしかり、いわき周辺の古生物愛好家のバイブルであった。「私が師と仰ぐ四倉史学館館長の小桧山《こびやま》さんが大切にしていたのを、先生が亡くなられた後、奥さんから形見分けとしていただいたものです」

一階の階段わきには、青いビニールで包まれた大きな岩の塊（ノジュール）が置かれていた。「これからこの大きな団塊をクリーニング（母岩から化石を取り出す作業）をするんですが、ここから恐竜の化石が出る確率はかなり高いんですよ」とニコニコしながら自信満々に語ってくれた。かつてこの岩と同じ層から、ハドロサウルス（カモノハシ竜の仲間、白亜紀後期）の歯を発見したことがあるからだ。

千里さんはジャンパーのポケットから小さな箱を取り出し、子どもが宝物を自慢するかのように我々に見せてくれた。三個の小さな《石ころ》が入っている。「これが一九九〇年に発見した、ハドロサウルスの歯なんですよ。よく見ると五角形で放射線状になっているでしょ？　これを見たとき、一発でハドロの歯だとわかりました」。発見したちょうどそのとき、東京で恐竜フェアがあり、恐竜研究で著名なフィリップ・カーリー博士がカナダから来日していた。千里さんは知人に化石を託し、会場で博士に化石を見てもらったところ「一見してハドロの歯だ、と答えてくれたそうです。自分の直感が当たっていてうれしかったです」。

千里さんは、このほかにもたくさんの貴重な化石の発見をしている。もっとも有名なのは、ハドロサウルス以前に、同じく双葉層群から発見したヒサノハマリュウの歯の化石だ。この恐竜はディプロドクスの一種で、ヒサノハマリュウの歯は小久川《こひさがわ》沿いの崖から二点出土している。ひとつは、一九八六年滝沢見さん（故人）によって、もうひとつはその十一カ月後に千里さんによって。

「中国の昆虫化石の研究者である洪友崇博士を現場に案内して、昆虫入りの琥珀を探していたときなんです」

琥珀がひとつ岩から飛び出している。鈴木さんはこれをハンマーで叩き、手にとって観察しようとひょっと裏を見たら、短い鉛筆のような形の恐竜の歯の化石が付着していた。

「一・五センチぐらいの大きさで、すぐに恐竜の歯だとわかりました。まさかこんな形で出てくるとはね。でも、あまり感動はなかったです。以前に一個出ているので、出るべくして出たという感じのほうが強かったですね」

ほかには、首が短いタイプの首長竜の胸の骨を発見。これは後にイワキリュウと命名された。彼の手元には首長竜の歯の化石は三本あり、化石仲間のものを入れると三十本近くになるという。また、直径一メートルを超えるアンモナイトを掘り出したことがある。現在、いわき市石炭・化石館に陳列されているが、本州で最大のものだ。昆虫（コバチの仲間、体長〇・五〜二ミリ）が琥珀に封じ込められたままになった、日本最古の化石も見つけた。顕微鏡で見るとコバチの体節までがはっきりと確認できる。八千万年の時間を超えて、今にも羽ばたきそうな存在感にあふれている。

千里さんは昆虫入り琥珀を、約九十個も持っているという。花粉の媒介者である昆虫がこれだけいたということは、木や花が生い茂る地方だったのだろう。

「昆虫入りの琥珀は顕微鏡で見なければ発見できないんですが、仕事を終えて研究室で顕微鏡をのぞいていると時が経つのも忘れますね」。一時はここにベッドを持ち込んでいたが、家族の強い反対でこれはやめた。

「化石採集ですか？　そうね、月に二〜三回というとこかな。今は高校生と一緒に山に行き、いろいろ教えています。でも仕事はちゃんとこなしていますからね（笑）。ストレスなんてぜんぜん……」

化石を眺めながら、頭の中でイメージを描き白亜紀の環境を復元する。化石を多量に産出するいわきの場合、それは可能なのだ。

「八千万年前、いわき周辺を恐竜がノシノシと歩き回っていたと想像するだけで、実に楽しいですねえ」

（「トランヴェール」一九九六年四月号）

第一の謎「ストーン・サークル」

墓地か祭祀場か日時計か？　縄文人の世界観を凝縮した聖なる円環

わが家のストーン・サークル

世界には、イギリスのストーン・ヘンジをはじめ、巨石を並べたり積み上げたりという巨石記念物がたくさんあるが、日本にもそのひとつに数えられる遺跡がある。石を同心円状に並べた、いわゆるストーン・サークル（環状列石）と呼ばれる配石遺構だ。規模が大きいものだと、直径が五〇メートルに近いものもある。

これらの環状列石はなぜか東日本、特に東北から北海道にかけて数多く点在する。日本最大の大湯環状列石（秋田県）をはじめ、石の組み方がユニークな小牧野遺跡（青森県）などが代表的だ。

このストーン・サークルは何を意味するのか。膨大な労力を費やしてまで、自らの生活景観《ランドスケープ》を創り上げようと縄文人を駆り立てたのは何だったのだろう。

秋田県鹿角《かづの》市。十和田湖と八幡平に挟まれたこの盆地には、縄文遺跡をはじめ四一六もの古代遺跡があり、環状列石を含む配石遺構も数多く点在するという。鹿角市全体が遺跡の上にあるといっても過言ではなく、なかには庭先にストーン・サークルを持っている家もあるというのだ。

「この家を建てるときだから、三十年以上も前になるかなあ。こりゃなんだあと思った」

と語るのは、浅石ミネさん。浅石家の配石遺構は、直径約一メートル五十センチとかわいらしいが、正式名「玉内《たまない》環状列石」というれっきとした遺跡である。縄文晩期（約三千年前）のもので、縄文人の墓の跡、だといわれている。

「墓石と思えばちょっと気持ちが悪い気もするけど、わが家のお守りだと考えるようにしてるんだ」

とミネさんは言う。日本広しといえども、家の庭先にストーン・サークルがあるのは浅石家ぐらいのものだろう。二十世紀と縄文時代が、違和感なく同じ空間に存在していた。

死と再生の聖なる場

玉内環状列石から北へ約十キロのところに、鹿角市の遺跡群のなかでも最も有名な大湯環状列石がある。これは、約九〇メートルの距離を隔てて存在する野中堂、万座という二つの環状列石の総称である。

大湯環状列石（撮影＝中山銀士）

約四千年ほど前の縄文後期につくられたもので、縄文人の社会生活や精神生活を知る上で重要な遺構として注目されてきた。規模は、野中堂が直径約四二メートル、万座のそれは約四六メートルあり、日本最大である。

二つとも四十センチ大の石が二重に取り巻いているが、数個から十数個の石が円形や方形のグループを形成し、それらの組石の集合体が環状になっているわけだ。組石のパターンは八種類で、石の下からは人を埋葬した跡（土壙《どこう》）が発見されている。八つのパターンがあるのは、埋葬される人の年齢や性別、出身などの違いによるものだろうと考えられている。

ひとつの環状列石を形成している石の数は約千個。河原石で、同じ石は、周辺では遺跡の東北東に位置する諸《もろ》助《すけ》山にしかない。これだけたくさんの石を数キロも離れた場所から運ぶのは、たいへんな労力を要したであろう。

青森市の小牧野遺跡も同時代に構築された三重のス

トーン・サークルだが、調査によって、斜面の土を削り水平に土地をならすという大規模な土木工事をしていることがわかった。スコップのない時代にこれだけの土を掘り起こすことは大変な作業であったに違いない。

縄文人は何のためにこのような大規模な遺構をつくったのだろうか。

大湯の場合、遺構周辺からは深鉢、壺といった実用的な土器のほか、土偶などの遺物が多く出土している。墓という説が有力だが、今の墓の概念とは違い、墓でもあり集会所のような場所でもあったと考えられている。小牧野遺跡も三つの甕棺《かめかん》が出土していることから、埋葬に関した祭祀《さいし》場であったことは想像に難くない。しかし、人を埋葬するだけでなく先祖をまつったり、儀礼や祭りという多目的な祭祀の場所だったとも考えられている。

このサークルのなかで、縄文人たちはどんな祭祀を繰り広げたのだろう。縄文人には魂の再生を信じるアニミズムの思想があったから、この場所に来ればいつでも亡くなった身内に会えると思っていた。埋葬の儀式を行い死者をあの世に送ると同時に、魂の再生の儀式も繰り広げた。あるいは新しい生命の誕生もここで祝ったのだろうか。

縄文人の天体観測

最近の研究で興味深いことがわかってきた。大湯の列石の配置は、太陽の沈む位置を意識して並べられているのではないか、というのだ。

さっそく、発掘調査の中心的なメンバーだった、秋田県教育庁文化課長の冨樫《とがし》泰時さんに話をうかがった。

「大湯より千年も前の三内丸山遺跡の時代から、縄文人は相当太陽を意識して建物を造っていたはずです」

冨樫さんは、環状列石が二つあることに意味があるという。ふたつの環状列石のなかにはそれぞれ「特殊組石」と呼ばれる日時計状の遺構がある。野中堂の中心と、九〇メートル先の万座の中心と、それぞれの日時計状遺構を結ぶと、一本の線になる。冨樫さんは、三年前の夏至のとき、ここに四本のポールを立てて日没を待った。

「予想通り、この延長線上に太陽が沈み始めましてね、日没はこの線より少し北側でしたけど、まあ、そのぐらいの誤差は縄文的天体観測からすれば、許容範囲に入るでしょう。この結果、二つの環状列石はお互いに有機的関係を持つ一対の遺跡と考えられます。つくられた時代も同じです。

夏至と冬至がおそらく最初に意識されたんじゃないでしょうかねえ。あの山あたりに太陽が沈むとキノコが採れる。太陽がこの山から現れたらサケが上がってくる、なんてみんなで言い合っていたんでしょうね」

太陽が出る位置、沈む位置の周期性と四季の関係を読み取り、縄文人たちが自分たちの生活のなかで活用するようになるためには、ひとつの場所に長期間定住して生活することが前提条件である。そして

黒又山山頂付近（撮影＝中山銀士）

毎年、儀式や祭りを規則的に繰り返していって、ひとつの「暦」が自然に作られていったのだろう。

遺跡の二キロ先にそびえる黒又山（通称クロマンタ）も、「日本のピラミッド」として注目されているミステリアスな山だ。夏至のときの日の出は、ほぼこの山の方角かららしい。クロマンタも大湯縄文人にとっては特別な存在だったに違いない。聖なるこの山を彼らの世界観のなかに取り入れ、風景のなかから季節の移ろいを知り、時の流れを知ったのではないだろうか。

「太陽や星などの天体も含めて、縄文人の世界観がこの遺跡に凝縮しているような気がしてなりません」

と、冨樫さんははるか古代を懐かしむように目を細めた。

昨年、大湯から四〇キロほどの、秋田県鷹巣《たかのす》町のうっそうとした杉林の下から、やはり縄文後期の素晴らしい環状列石が三つも現れた。脇神《わきがみ》伊勢《いせ》堂岱《どうたい》遺跡といい、現在最も注目されている環状列石である。

これからも東北地方からたくさんの環状列石が出てくるだろう。それに比例して謎が解明されていくことに期待したい。原野に残された石造りの円環は、縄文人の貴重なメッセージなのだから。

第二の謎「漆」

今に生き続ける縄文人の仕事。知恵と技術と美意識にジャパン（漆器）の源流を思う

驚くべき高度な技術

北東北で、数々の優れた漆製品が出土している。素晴らしい歴史的遺物が多数出土している青森県三内丸山遺跡でも、特に重要視されているのが漆製品である。約五千五百年も前の漆器。それが泥炭層のなかから、朱色も鮮やかに何点も姿を現した。

漆製品が注目されるのは、漆の採取に始まり完成までの製作工程が複雑で、非常に高度な技術を要するからだ。言い換えれば、漆器ひとつから縄文時代の社会生活のありようまでが見えてくるのである。「津軽塗」などの開発に携わるかたわら、出土した漆器類の復元なども手がける、青森県工業試験場漆工部長の九戸《くのへ》眞樹《まき》さんを訪ねた。

プロの目から見た三内丸山の漆器類の印象は――。

「断片だけですが、いい仕事をしているのがわかりました。材質は堅いクリの木を使い、器の厚さも一〇～一五ミリと均一でした。本当にきれいな円を描き、赤と黒の漆を塗り分けているんですよ」

底が厚めで、周辺にいくとやや薄めになっていて、器作りの原則も踏まえているという。ろくろがない時代に、どのようにして、そのような精巧な器（木地）が作られたのだろうか？

「推測ですけど、円形に削るために、木地を動かして『回転』させる知恵というものはあったと思いますね。器の中心がひとつなんです。これはすごい技術です」

発掘された漆器の塗り肌も、非常になめらかで美しい。

「おそらく動物の毛による刷毛《はけ》や直接手を使っただろうと考えられますが、もし動物の毛なら、器のどこかにその毛の一部が残るであろうし、細かな彫りのところの塗りを見ると、手でもないような気もするなあ。早く刷毛の一部を見てみたいですね」

漆工芸を育んだ知恵と管理体制

青森県八戸市郊外の是川中居《これかわなかい》遺跡。漆技術の集大成といわれている遺跡である。一九二六年から発掘が行われ、縄文時代晩期（約三千年前）の漆製品がまとまって発見された。また、赤色漆をつくる顔料のベンガラや朱を入れた壷形土器など、漆工芸の加工過程がよくわかるような遺物も出土しているのが興味深い。

「是川で発見された漆製品の材料はトチノキが多いです。これは木の目が均一で加工しやすく、現在でもこね鉢などに使われている材質です。縄文人は生活の知恵というか、植物の性格をうまく利用する術を知っていたようです。もちろん漆の利用もね。天然の塗料のなかで、漆ほど耐久性があるものはないですから」

と言うのは、八戸市縄文学習館学芸員の小林和彦さん。

漆製品を作るには、いくつもの複雑な工程が必要だ。まず漆液の採集。牛乳瓶一本分の漆を採取するためには、三百本以上の漆の木に傷を付ける必要があるという。山のなかでの採集は大変だっただろうから、漆の木を栽培していた可能性もある。続いて、ヘラでかき混ぜながら天日にかけて生漆《きうるし》を精製し、次いでベンガラなどの顔料を添加する。木地に塗る場合は、最初に下地の塗装をし、その表面に漆を塗っていく。そして乾燥（二十〜二十五度の温度、七〇〜八〇パーセントの湿度が最適条件）、上塗りという順序を踏む。

これら全工程を終了するには約一カ月を要するといわれている。漆製品完成のためには、さまざまな人が作業に加わり、各工程で分業体制が敷かれていたのだろう。個々の職人の技術はもちろん、それらを統合して管理する体制が存在していたとも考えられる。

漆器というぜいたく品が語る文化

それにしても、これだけの労力と時間のかかる漆製品が、どうしてたくさん出土するのか。それらは生活の安定や生命維持には関係のない、いわばぜいたく品である。縄文時代の文化の高さを象徴するものといえよう。

「私が疑問に思っていることは、漆器が三内丸山のごみ捨て場から出たことなんですよ。ほとんどが壊れた状態で出土しています。そんなに漆器が簡単に壊れるはずがないと思うんですけどね。それと、こんなぜいたく品が無造作に捨てられていることが不思議だなあ。大切なものなら、壊れても修理するはずですけどね」

九戸さんはこう語る。

ひょっとすると北アメリカのインディアンなどの風習として知られる、ポトラッチの習慣があったのだろうか。

一九七〇年代、福井県鳥浜貝塚で発見された縄文前期の漆器は、中国同時代の河姆渡《かぼと》遺跡（揚子江下流域）の出土品と比べても、技術的にはるかに優れているものだといわれている。漆の起源は中国だといわれ、日本に伝来したのは弥生時代以降というのが今までの定説であった。それが、縄文の中心である東日本の遺跡から高度な漆製品がたくさん出土したことにより、今までの歴史が新しく塗り替えられようとしている。

考えてみれば、英語で陶磁器を「China《チャイナ》」というのに対し、漆器は「Japan《ジャパン》」という。世界でも最も漆工芸技術が発達した日本だが、数千年の時を経てわれわれの前に姿を現した朱色の輝きは、その源流を思わせる。

第三の謎「土偶」
畏れと願いと祈りと。縄文の心を宿した精霊たち

数千年の歳月を経て土の中から現れた土偶の表情は、驚くほど豊かだ。多くは女性や妊婦の姿といわれるが、単に人を写し取った人形ではなく、何らかの精霊の仮の姿で、だからこそ抽象的で多様な形をしているのではないかともいう。その役割は、安産や病気の治癒、豊饒への願いといわれるが、まだまだ謎が多い。東日本に集中して分布し、必ずといっていいほど一

宮城・縄文芸術館にて（撮影＝中山銀士）

部破損していることから、あらかじめ壊すことを前提に作られたのでは、ともいわれる。「祈りの時代」の精神文化を特徴づける芸術的遺物「土偶」は、縄文の心を推し量る手がかりだ。

第四の謎「交易」

北方、中国、エクアドル、どこまで延びる縄文人の足

活発だった海上交通

三内丸山遺跡の出土品展示室に並べられた遺物を眺めて、最もびっくりしたのは縄文人たちの交易範囲の広さだった。

北海道赤井川産の黒曜石、秋田県昭和町産の天然アスファルト、岩手県久慈産のコハク、新潟県糸魚川《いといがわ》産のヒスイ（青森～糸魚川間は約六百キロもある）が三内丸山に運ばれてきているのである。微量成分などの化学分析によってこれらの産出地が解明されたわけだが、こうしてみると三内丸山は一大交易センターであったといえる。原産地、中継地、交易センターへと続くネットワークが整備され、各地から「商品」が持ち込まれ、物々交換が行われたのだろう。モノの移動のほかに、製作技術者の移動

もあっただろうし、生活情報も行き交ったことだろう。

では、これだけ広範囲のところから、どうやって品物を集めたのか。

それには海上ルート以外、考えることはできない。縄文人は、われわれが想像する以上に果敢に海に繰り出していたのだ。

その証拠となる、最古級の舟のオール（長さ約一・五メートル）と思われるものが三内丸山遺跡から出土している。また最近、千葉県の多古町栗山川流域遺跡群から、縄文中期（約四千～五千年前）の丸木舟が出土した。全長七・四五メートル、幅七〇センチ。縄文時代の丸木舟のなかでは最大級のものだ。この大きさだと、外海に漕《こ》ぎ出していくのも十分可能だと考えられる。

現在までに、縄文時代の舟は全国で約四十遺跡から百艘以上が発掘されていることから、海上交通が相当活発だったことがうかがえる。新潟産のヒスイは、北海道、関東、九州でも発見されているし、黒曜石の場合は、伊豆諸島の神津島産や讃岐産のものが本土で広く発見されている。また、九州産の黒曜石が朝鮮半島の遺跡で見つかっているし、ロシアのサハリンスク沿海地方からは北海道産とみられる黒曜石が出土している。

さらに、山形県の中川代遺跡からは不思議な刻文が彫られた石斧が見つかった。中国長江（揚子江）文明時代のものという説もあり、もしそうだとしたら、五千年前に中国人が日本列島に来ていたことになる。

どこまで行った縄文人

もっとスケールの大きな話をするなら、縄文人が太平洋を渡ったかもしれない、という説がある。南米エクアドルのバルディビア遺跡から出土した南米最古の土器の形態や文様が、縄文土器とよく似ているというのだ。その後の研究で、日本の太平洋岸に分布するHTLV—I型ウイルス（ヒトT細胞白血病ウイルス）が、南米のインディオのなかに濃密に発見されたこと、発掘された約三千五百年前の南米のミイラの糞石から、日本に多い寄生虫卵（コウチュウ）が見つかったこと、潮流と風向きによっては日本からエクアドルに到着することは可能であること、などがわかった。これらから推測すると、太平洋を漂流した縄文人がエクアドルに流れつき、そこで縄文土器の作り方を伝えたのではないか……という仮説も成り立つ。

それにしても、広範囲な交易の旅を、どうやって縄文人は成し得たのか。

沿岸の地形を把握し、太陽や星の位置を読み、海流や季節風を計算し、気象を予測する能力がなければ、果たして航海は続けられただろうか。縄文人はわれわれの想像をはるかに超える航海技術を持っていたといえる。自然を見極め、それを上手に利用するノウハウは、現代人以上に持っていたのかもしれない。

われわれ祖先の足跡によって、未知の縄文時代は、まだまだ広がってゆく。

（「トランヴェール」一九九七年六月号）

那須

与一伝説を那須に追う

運命の一矢

栃木県那須地方では、現在でも初夏になると、「那須の与一は三国一の男美男で旗頭……」という田植え歌が、田んぼから聞こえてくるそうだ。源平の昔から、故郷の英雄を誇りに思う、村人たちが歌い続けてきたのだろう。

那須与一と聞けば、源平屋島の合戦。今から約八百年前、たった一本の弓矢によって扇の的を射抜《いぬ》いて、源氏に勝利をもたらし、天下にその名を知らしめた武士である。

屋島の合戦では、源氏側が陸上から馬で攻め、平氏側が海上で舟を並べて迎え撃つという陣形だった。太陽がすでに西方に傾きかけていたころ、平氏の小舟が一艘、岸に向かって漕《こ》ぎだしてきた。小舟の上にひとりの美しい女官が立ち、舳先《へさき》に立てた扇に的を射てみよと差し招いている。夕日に輝く皆紅の扇。折しも北風が激しく吹き、小舟は左右上下に揺れ始めた。舟までは岸から約八〇メートル。扇を射落とせば源氏の勝利、失敗すれば平氏の復活。時は元暦二（一一八五）年三月中旬の夕方のことであった。

この挑発に、大将の源義経《みなもとのよしつね》は坂東の若武者、那須与一に「あの扇を射よ」と命令した。義経は、那須の弓の名人である与一のことを知っていたのであろう。二十歳の若者は何度も辞退するが聞き入れられず、意を決して馬を海中に乗り入れ、弓を構える。もし失敗したら、自害して果てるぐらいではすまないだろう。与一は目をつむり「南無八幡大菩薩、別しては我が国の神明、日光権現、宇都宮、那須温泉大明神、願わくば見事あの扇を射させ給え」と念じつつ、決死の一矢を放てば……。

与一、鏑《かぶら》を取ってつがひ、よっぴいてひょうと放つ。小兵という條《じょう》、十二束三伏《じゆうにそくさんぶせ》、弓は強し鏑は浦ひびくほどに長鳴りして誤《あやまた》ず、扇の要《かなめ》ぎわ一寸ばかりおいて、ひいふっとぞ射切ったる。鏑は海に入りければ、扇は空へぞあがりける。春風に一もみ二もみ揉まれて海へさっとぞ散ったりける。

この与一の活躍により源氏は屋島の合戦で勝利し、一方、平氏は続く長門・壇の浦の合戦で完敗、五年にわたる源平時代が終わった。七年後に源頼朝が征夷大将軍となり、鎌倉幕府が開かれる。与一は扇の的を射た褒美《ほうび》として、頼朝から那須氏の跡継ぎと、領地として五つの荘園を与えられたという。もしこのとき、与一の矢が的を外していたら、平氏の運命はまた違ったものになっていただろう。

点在する与一の旧跡

与一の出身地である大田原《おおたわら》市は、栃木県北部における政治や文化、経済の中心地である。近世には大田原氏の城下町として、また奥州街道の宿場町としても栄えた。この町の北部から福島県に近い黒磯市にかけて、広大な那須野ヶ原が開け、鎌倉時代に源頼朝がこの原野で、盛大な巻狩《まきがり》を行ったという記録が残っている。その巻狩を設営したのが地元の豪族那須一族である。

与一はこの大田原市で、那須資隆《すけたか》の十一番目の子ども（名は宗隆）として生まれたといわれ、市内には与一ゆかりの名所旧跡が点在している。

市民の、郷土の誇る英雄に対する尊敬の念は強い。昭和六十（一九八五）年、与一公の遺徳をしのび、その偉業を顕彰する目的で「那須与一公顕彰会」（会員約九百名）が結成された。与一に関する史跡や伝説の調査などを行い、行政とともに「与一の里・大田原」のPRに一役買っている。大きなイベントとしては《与一弓道大会》が催され、毎回四百人もの選手が参加する。このときの弓の的にはやはり扇が使われ、要に命中させるのが最高の名誉となる。

顕彰会の常任理事であり、広報担当の永塚和子さんに、市内を案内してもらうことにした。

最初に訪れたのは、福原地区にある玄性寺《げんしょうじ》。境内には、与一をはじめ那須一族の霊が祭られていて、この寺の絵馬や矢は一発必中、合格祈願のお守りとして人気がある。

もうひとつ有名なのが、縦に大きな亀裂が入っている矢剪石《しせんせき》だ。

「与一が扇の要を射貫いたちょうどそのとき、約七〇〇キロも離れたこの福原の巨石に、ピリッという大きな音とともに亀裂が入ったというんですね」

と永塚さん。この石は、すぐ近くにあった福原城の庭に置かれていたもので、与一がことのほか馴《な》れ親しみ、注連縄《しめなわ》を張って「守り地蔵尊」と命名し、朝夕の礼拝を欠かさなかったという。

「《与一弓道大会》は、この境内の弓道場で催されているんですよ。道場の裏に広がっている山が汗馬《かんば》山《やま》で、与一はここで乗馬の技術を習得しました。有名な《ひよどり越え》のとき、義経に進言したのも与一という話です」

この寺の近くに福原八幡宮があり、ここは屋島の合戦で大功をたてた後、与一が社殿を再興したところだ。市内にはほかに、与一が扇の的を射るとき「南無八幡大菩薩」と念じた那須神社、与一の愛馬である鵜黒《うぐろ》の霊を祭っている馬頭観世音、与一が彫ったという十一面観音像が安置されている妙徳寺などがある。

栃木県には、与一の志を受け継ぎ、弓道を愛する人が多い。そのひとり、大田原女子高校の弓道部師範を務める、佐野武夫さんに話を聞いた。佐野さんは教士七段、《与一弓道大会》では開会式の後に行われる、矢渡しの行事の重要な役を引き受けている。

「県下では、中学で三十校、高校では五十校に弓道部があります」

と佐野さん。大田原女子高校の弓道部は関東大会出場の常連校として常に県内一を誇る。全国大会や国体、インターハイへの進出も果たしている。

全国に広がる与一伝説

全国には、大田原市以外にも与一ゆかりの地が多い。北は青森から南は宮崎まで、二十を超える県に与一伝説は広がっている。永塚さんは、

「全国を放浪した琵琶法師によって語られた『平家物語』や『源平盛衰記』の影響でしょう。ひとりの人間が、当時、そんなに全国を歩けないですよね」

と語る。時代が進み、謡曲や浄瑠璃などの芸能で、武人伝説が広まっていったことも考えられよう。

今まで語られてきた与一は、二十四歳の若さで京都で出家、その後亡くなったといわれているが、新潟や滋賀、徳島などでは、老年まで生き続けたということになっている。このあたりの話は、奥州平泉で死んだはずの義経が、蒙古でジンギスカンとなったという義経伝説と、スケールは違うが二重写しになって浮かび上がってくる。それだけ、与一の武勇伝は民衆の支持を得たのであろう。

与一が生まれた大田原市と、その周辺。春風に誘われて、坂東武者の夢を語る歴史の里を散策するのもわるくない。

（「トランヴェール」一九九九年三月号）

ナウマンゾウ発掘物語

「湯たんぽ」から始まった

長野と新潟との県境の近くに黒姫という駅がある。野尻湖はその黒姫駅から北へ車で約二〇分走ったところに位置している。黒姫山や妙高山をはるかに望み、海抜六四五メートルに広がるこの小さな湖は、軽井沢と並ぶ避暑地としても有名だが、この湖の名を全国的に知らしめたのは、ナウマンゾウの化石が発見されたことであった。

話は半世紀も前にさかのぼる。昭和二十三（一九四八）年、野尻湖畔で小松屋という旅館を営む加藤松之助さんは、湖畔の散歩途中、渚の中に変わった〈石〉を見つけた。長さが三〇センチ余り、幅が一〇センチ。持ってみると、ずっしりとしたもので、表面には「湯たんぽ」のようなギザギザがあった。

地元では、形から判断すると、たぶん動物の歯の化石であろうということになったが、このような大きな歯を持っている動物は、とてつもなく巨大なものだろうと推測した。また、これは大昔、野尻湖の底に棲んでいた怪物の歯だろうと噂する人もいた、という。

その後、京都大学理学部地質学鉱物学教室に鑑定を依頼すると、それはナウマンゾウの上あごの第三大臼歯と判明。野尻湖でのナウマンゾウの化石第一号として、野尻湖は日本全国に知られるようになったのである。最近の研究では、ナウマンゾウは四万八千年前から三万三千年前、ウルム氷期のころに野尻湖に棲息していただろう、と考えられている。また、ナウマンゾウの化石と共に、人類〈旧人〉の遺物も発見されている。

中学生が「大物」を大発見！

大がかりな第一次発掘は、昭和三十七（一九六二）年三月末、専門家のほかに、小・中・高校の先生、大学生、高校生、そして新潟県上越市の高田城北中学校地学クラブの五名の中学生など、素人も参加する団体研究として行われた。

最終日の三日目、高田城北中学のグループが「大物」を掘り出した。それは長さ一メートル近くもあるナウマンゾウの大腿骨であった。その発見者の一人、吉越正勝さん（五十二歳、現在新潟県立小千谷高校教諭）は三十七年前を振り返り、こう語る。

たんですよ」

「高校入学前の春休みだったんです。身近なところにナウマンゾウが棲んでいたなんて信じられなかっ

地学クラブの先生から発掘に参加するようにと言われたとき、「ゾウの化石が出る」「いや出ない」と、先生や友人と百円の賭けをして参加していたそうだ。

「私は『出ない』というほうに賭けていたんですよ。しかし、発掘のまとめの会に行くと、今までに発見された臼歯の破片などを見せられたんですよ。そうすると、何が何でも掘り出したいと意気込むようになりました。最終日はどこを掘ってもよいと言われて、朝五時ぐらいからずっと発掘していて、帰りのバスの出発時間直前の、そう午後二時ころでしたね。小松屋旅館前の湖畔で、ガキッと手応えを感じたんですね。あ、これは骨だとすぐわかりましたね。砂をかき分けていくと、化石がどんどん長くなっていきました。鮮やかな色をしていた大腿骨が、見る見るうちに酸化してくすんでいったのが印象的でした。両手でかかえ『掘ったよ！』と叫びながら見せると、みんなわっと集まってきて……」

この大発見によって、化石の密集地帯に行き着き、ナウマンゾウの臼歯や尺骨（前腕の骨）、肋骨も出てきた。さらに新しい発見は、熱帯性の象だと思われていたナウマンゾウの化石に混じって、北方性のオオツノシカの臼歯や肩甲骨などが出てきたことだった。このことによって従来のナウマンゾウの復元像に修正が加えられることとなった。

以来、平成九年の第十三次の発掘まで、吉越さんは毎回参加。大学では地学を専攻し、現在は高校で地学を教えている。「多分、地学を専攻したのも、あの刺激がかなりウエートを占めていると思いますよ」

と笑う。

市民参加のユニークな発掘

この野尻湖発掘の大きな特長は、小学生からお年寄りまで発掘に興味ある人は誰でも参加できるという、市民参加による大衆発掘のスタイルをとっていること。全国二十五カ所にある「野尻湖友の会」に入り、そこで申し込めば誰でも発掘の醍醐味が味わえる。ただし、交通費や宿泊費は自前である。

第一次の発掘時は七十名の参加だったが、第六次には最大の参加者数の三六七二人。二年前の第十三次発掘までに一万人以上が参加した。湖底発掘は三年に一度行っており、次回は来年の春（平成十二年三月下旬）を予定している。

「参加者は平均千人ぐらいですか。発掘は十日間ずっとやっていまして、参加者はその期間内に最低二泊三日滞在し、発掘してもらうことになっています。貴重な発見は小学生や中学生などのみなさんに負うところが多いんですよ」

とは野尻湖ナウマンゾウ博物館の学芸員であり、野尻湖発掘の事務局のメンバーでもある近藤洋一さん。

「化石を探すことは地学や古代の生物などについて学ぶことなんですが、氷河時代の人間とナウマンゾウとの関わりを知ることでもあるんです。太古の自然環境を調べることによって、現在の環境問題まで見えてきますし、地球全体を見直す、良い機会になると思います」

野尻湖発掘には、毎回参加する人も数多くいるという。「あるサラリーマンなんですが、発掘期間中何日かは、ここから東京の会社へ通っていましてね。夜になると『ただいま』って帰ってくるんですよ」

と近藤さんは笑った。

（「トランヴェール」一九九九年九月号）

［森本剛史略年譜］

1949年　1月19日　父一三、母寿々子の長男として新宮市に生まれる。

1961年　3月　新宮市立蓬莱小学校卒業。

1964年　3月　新宮市立城南中学校卒業。

1967年　3月　和歌山県立新宮高校普通科卒業。

1970年～71年　立教大学文学部英米文学科を休学して、ヨーロッパ～北アフリカ～中東などをヒッチハイク。

12月にヒッチハイカー仲間で「おまえも来るか！中近東　一日一ドルの旅」（まるこぽーろ旅行団出版局編）出版。

1972年　「おまえも来るか！中近東」を新宿歩行者天国にて販売中、ニッポン放送のディレクターに見出され、ラジオ番組「土曜の夜はテレフォンジャングル」のレギュラーに。

その番組のメインパーソナリティだった写真家・浅井愼平氏と知己を得る。

立教大学卒業後ＰＲ会社に就職。

1974年　品田洋子と結婚。

1976年　ＰＲ会社を退職し、夫婦で約10ヶ月の世界旅行。帰国後フリーランスの紀行作家に。

1977年　長女初枝誕生。

1980年　次女奈瑠美誕生。

その間、ＪＴＢ「ＹＥＳ」「ＴＲＡＶＥＬ ＬＩＦＥ」など旅行雑誌への連載執筆とともに、各国のガイドブックを量産。

この頃までに１００カ国余りを訪問、共著も含めて単行本5冊、ガイドブック22冊を出版。

２０１１年　12月　代官山蔦屋オープンと共に採用され、旅行書コンシェルジュとして活躍。
テレビ東京系「ガイアの夜明け」をはじめマスコミ各社へスポークスマンとしてたびたび登場。
２０１３年　春　会社の定期検診で異常が見つかり、再検査の結果ガンと判明。
同年5月、引率人として参加した蔦屋系列のTトラベル主催「ディープな熊野古道ツアー」からの帰京中に初孫誕生。
２０１４年　9月22日午前1時39分　胃がんのため逝去。享年65歳。

［著書・共著］
「伊勢・熊野路を歩く　癒やしと御利益の聖地巡り」（ウエッジ）
「地球の歩き方　テーマで旅するアメリカ」（ダイヤモンド社）
「バリ島　インドネシア　マリン・リゾートの旅」（昭文社）
「イスラムの誘惑」（新潮社）
「シルクロード紀行　カフカス」（朝日新聞社）など多数。

＊

「ウーヤン、バイよ！」（小説作品。２０１４年11月・私家版として上梓された）

感謝の手紙――最後の五年間をともに過ごして

「俺、そんなに早く死ぬ気がしないんだけどなぁ……」

どの医師からも容赦なく絶望的な宣告を受けるたび、胸を塞がれる思いのわたしを救うかのように、本人がつぶやいた言葉でした。

ひと懐っこく、誰に対しても分け隔てなく、おしゃべり好きな彼は、たくさんの友人に恵まれていましたが、生き方下手ゆえ浮き沈みの激しい人生でした。その不遇をかこっていたころに、孤独なおばさんだったわたしと知り合ったのです。

とても幸せでした。何時間話していても楽しく、尽きることがありませんでした。彼の人生の、最後のたった五年間でしたが、わたしたちは二人三脚でお互いを補っていたと思います。

やがて彼は旅行本のコンシェルジュという新しい仕事を得て、まさに水を得た魚のように、本来の彼の「あるべき姿」に戻ったのでした。

思う存分活躍したわずか二年後、彼は「進行性胃癌」と診断されました。最初は注意深く養生していたのですが、彼には夢中になると自分を制御できなくなるところがあったので、私は何百回と彼を叱りつけることになりました。思いあまって怒鳴ってしまうと、彼は「なんでそんなに怒ってるの?」という表情で、キョトンとした目をわたしに向けるのでした。

誰かが迂闊な彼をたしなめてくれるのではないかと考えたわたしは、あるとき、一カ月近く旅に出ました。鬼の不在とばかりに彼は、「もう治った!」とまわりに吹聴していたとのことです。

わたしが帰国した翌日、彼は救急車で運ばれて急性腹膜炎の緊急手術。さらに胃癌部分の切除と、度肝を抜くような事態が待ち受けていました。わたしは自分の考えの甘さを恨みました。

いったん命を取りとめたものの、半年後、癌が再発して、あとはほとんど入院生活となってしまいました。家族や友人たちが頻繁に訪れて、笑い声の絶えないにぎやかな病室でした。

一方、彼のお気に入りだったモレスキンの手帳には、遺書のようなメモをこっそりと書いていました。発病以来、一度たりとも泣き言も愚痴も言わず、誇り高い、ほんとうに立派な最期でした。

こどものように不器用で懸命だった彼。いまごろは天国で、愛するご両親に「よく頑張ったね」と誉められているでしょう。

ありがとう、剛。また会いましょう。

K・T

編集後記

ほんとうに急な展開だった。本書をこんなかたちで出版することになるとは思ってもみなかった。

二〇一四年八月半ばだったか、入院していることは聞いていたので、愚生のケータイに「森本剛史」の着信表示が出ていたのには驚いた。たしか休日で、ケータイを自宅に置いたまま出かけていたので、折返し電話をした。するとすぐに森本さんが出た。

「まえから話していた本のことやけど……」

いきなりの言葉に驚いた。その声には逼迫した感じがあった。

「とにかく残り時間が限られているので、なるべく早く本をつくりたい……」

森本さんには腹案があって、協力してもらう人も決めていたようだった。

森本さんの本をつくる話は数年前からあった。だが、トラベルライターの森本さんは、そのときどき取材に出かけたあと、自分の本のことはしばし忘れ、思いついた企画をプロデューサーとして産婆役を務めた。愚生の編集したものでも、森本さんがコーディネイトした本は五、六冊ある。

ともあれ、そんな感じだったので電話の声はマジな感じが強かった。そして……

森本さんと電話で話してから亡くなるまではあっという間だった。その後、弟・祐司さんや、故人と長らく友人付き合いのあった装丁家の中山銀士さん、最期を看取ったK・Tさんと話して本書をまとめることになった。

森本さんの紀行文が掲載された多くの雑誌を手にしながら、本人が付箋をつけた記事を軸に取捨選択した。本書に入れるべき原稿は他にあったかもしれない。しかし、すでに本人はこの世にいない、どうしようもない。また、著者が故人のため、巻頭に森本祐司さん、巻末にK・Tさんの一文を頂戴した。

森本さんには多くの方々を紹介していただいた。故郷が同じ和歌山県。森本さんの新宮の隣町の串本町に生まれた愚生としては、ほんとうにお世話になった。できることなら森本さんと一緒に本を製作したかったが、なんとかかたちにすることができた。少し恩返しができたかなとほっとしている。

最後に、代官山蔦谷書店のみなさん、紀州の諸兄姉のみなさん、そして森本さんを知る多くの友人のみなさん、本書の編集製作に関しまして多大なるご協力を賜りました。篤く御礼申し上げます。

頓首
河野和憲（彩流社編集部）